동화로 배우는 일본어 필수한자 1006자

동화로 배우는 일본어 필수한자 1006자

이노우에 노리오 글·그림 | 강봉수 옮김

ù 중앙에듀북스

일본 저자의 말

초등학교 1학년에서 처음 한자를 배웠을 때를 기억하고 있나요. 대부분의 사람들이 기뻐 두근거리면서 읽거나 쓰지 않았나요. 그러나 점점 학년이 올라감에 따라 1학년 때의 의욕이 사라져 가는 경우가 많은 것 같습니다.

3학년이 되면 1년 사이에 학습하는 한자가 200자나 되어 매일 새로운 한자를 외우지 않으면 안 됩니다. 하나하나 한자의 유래를 익히며 깊게 학습하면 나름 의욕도 생깁니다만 좀처럼 그럴 시간이 없습니다. 할 수 없이 반복연습과 테스트의 반복을 통해 암기를 하게 됩니다.

열심히 연습하여 10문제나 20문제의 소 테스트는 합격점을 받더라도 학기 중에 테스트를 보면 더 이상 생각이 나지 않는 한자가 많이 생깁니다. 고학년이 될수록 이게 쌓여 점점 '한자는 잘 못하겠어'라는 사람이 늘어나는 것 같습니다. 저 자신도 그랬습니다.

이런 여러분의 고민을 해소하기 위해 만든 것이 이 책입니다.

이 책에서는 각 학년에서 학습하게 되어 있는 한자가 모두 한 편의 동화 속에서 사용되고 있습니다. 본문 하단에 신출한자를 읽는 법이 있으므로, 아직 배우지 않은 학기 초부터 읽을 수가 있습니다. 몇 번씩 반복해 읽다 보면 그 학년의 한자를 자연스레 모두 외울 수 있습니다.

물론 흥미가 생기면 다음 학년의 동화도 읽을 수가 있으며 복습을 위해 1학년 동화부터 읽을 수도 있습니다. 저학년의 경우 집에서 가족들과 함께 읽어 가면 한자를 익힐 뿐만 아니라, 책을 읽는 즐거움도 맛볼 수 있을 거라 생각합니다.

동화를 읽는 즐거움과 한자를 외우는 것을 동시에 가능하게 한 이 책이 여러분의 학습 활동에 도움이 되기를 바라고 있습니다.

옮긴이의 말

저는 이 책을 번역하면서 잠시나마 행복함을 느꼈습니다. 왜냐하면 평소에 일본어 교재에 관심이 많았던 저에게 이 교재는 기쁨 그 자체였기 때문입니다. 한자의 벽을 한 권의 일본 동화를 읽으면서 뛰어넘게 하려는 작가의 의도가 너무나도 절실하게 느껴졌습니다.

창작동화라 그런지 문장이 살아 있고 교훈과 함께 반전을 거듭하면서 펼쳐지는 이야기도 참 마음에 들었습니다. 그게 이 책의 큰 장점이기도 하죠. 기존의 책들은 초급 중급 고급으로 나뉘어져 있어 여러 권의 책들을 볼 필요성이 있었으나, 이 책은 그야말로 한 권으로 한자 1006자를 익힐 수 있도록 구성된 책이라 할 수 있습니다.

딱딱한 교과서적인 문장에서 벗어나 살아있는 생생한 일본어 동화로 한자를 공부할 수 있다니 이 얼마나 좋은가요? 일본어 학습자 누구나 초급에서 중급으로 넘어가면 한 번쯤 부딪치는 게 한자의 벽입니다. 만약 그 한자의 벽 앞에서 좌절을 한다면 아무런 발전도 없게 되겠지요. 무조건 외워야만 했던 머리 아픈 한자 공부에서 벗어나 이제는 성우의 목소리를 들으면서 흥미로움을 느껴보세요. 그리고 소리 내어 여러 번 낭독을 해 보세요. 자신이 마치 주인공이 된 것처럼요.

그러다 보면 내용을 음미하게 되고 자연스레 본문해석이 될 것이고, 낭독을 하면서 읽던 굵은 한자 표기는 어느새 단순암기에서 벗어나 머리 속에 강하게 각인될 것입니다. '좋아하면 빨리 는다'라는 말이 있습니다. 여러분도 이 동화책을 통해 일본 한자의 벽을 허물고 좀 더 한자와 친숙해지는 계기가 되었으면 하는 바람입니다.

그리고 가능한 한 의역을 피하고, 직역을 하여 그 단어 뜻을 전하는데 중점을 두었습니다. 그렇게 해도 부자연스러운 것은 의역을 했습니다. 본래의 뜻을 익히는 데 초점을 두고 공부하시길 바랍니다. 마지막으로 이 책의 공부 방법을 살펴보기로 합시다.

1. 초등학교 1학년부터 6학년까지 성우의 목소리를 들으면서 흉내 내며 따라 읽습니다. 특히 굵은 글씨로 된 한자를 의식하며 읽는 연습을 하는 것이 좋습니다.
2. 아는 한자와 모르는 한자를 체크합시다.
3. 모르는 한자를 체크하여 다시 한 번 읽고 쓰면서 외웁시다.
4. 외운 한자를 부록에 마련된 한자로 총 TEST를 실시합니다.
5. 일본 교육한자 1006자 음·훈 맵 정리에 나와 있는 음독과 훈독을 외웁시다. 한자에 어려움을 겪고 있는 분들은 음독과 훈독을 외우는 것이 절대로 필요합니다. 특히 훈독의 경우 사전을 찾아 그 뜻을 외워두는 것이 고급과정으로 올라가는 밑거름이 된다는 것을 잊지 마세요. 그리고 2020년 4월 1일에 도도부현(都道府県道)에 포함된 20자가 추가되었습니다. 추가된 20자를 일본 교육한자(1026자) 변경사항 일람표를 통해 확인해 주세요.

이젠 새로운 시각으로 일본어 공부를 시작해 보세요. 아마 그 재미가 술술 느껴지실 거라 생각합니다.
늘 행복한 여러분이 되시길 간절히 바랍니다.
이 책과의 좋은 만남이 당신 손에 전해지길 바라며……

강봉수

이 책의 사용법

① 이 책에서는 각 학년에서 학습하는 한자를 굵은 자로 나타내고 있습니다. 아직 배우지 않은 한자에는 후리가나가 달려 있습니다.

② 본문 하단에 한자의 읽는 법이 표기되어 있습니다. 같은 한자가 반복해 나온 경우는 최초에 나온 한자만을 기록했습니다. 같은 한자라도 읽는 법이 다르거나, 다른 한자와 함께 사용되고 있는 경우는 그 때마다 표기했습니다. 한자 사용법의 변화를 외우는 데 유용하게 써 주세요.

③ 각 학년의 마지막 페이지에 한자 일람을 넣었습니다. 책을 다 읽고 나서 한자를 읽을 수 있는지 체크해 보시기 바랍니다.

차례

1학년
한자 80자

ダバラン<ruby>王<rt>おう</rt></ruby>

다바란 왕

むかしある国に、オボロン王というよくばりな王さまがいました。

　オボロン王は、とてもりっぱなお城にすんでいて、町や村の人たちからたくさんのお金やたべものをあつめていました。

　だから、この国の人たちは、みんなかげでぶつぶつもんくをいっていました。やがて、みんなは、この王のことをオンボロ王とよぶようになりました。

　このお城のあるチロルという町に、天にもとどきそうなたかい山がありました。

　この山のてっぺんには、ダバランという名まえのばけものがすんでいました。

　ダバランは犬のようなかおをして、け糸のようなふといかみをかたまでたらしていました。そして、よく見える金いろの目玉と、白い貝のようなじょうぶなつめをもっていました。

　ダバランは、山の上で木のみや草むらの虫をたべて、ひとりでくらしていましたが、夕がたになると、よく町へおりてきました。子どもたちとなかよくしたかったのです。

　きょうもダバランは、「いっしょにあそんでくれる子はいないかな。」とおもいながら町をあるいていました。

옛날 어느 나라에 오보론 왕이라는 욕심쟁이 임금님이 있었습니다.

오보론 왕은 아주 훌륭한 성에 살고 있으며, 마을과 마을 사람들로부터 많은 돈이나 먹을 것을 모으고 있었습니다.

그래서 이 나라 사람들은 모두 뒤에서 투덜투덜 불평을 하고 있었습니다. 이윽고 모두는 이 임금을 온보로 왕◆이라고 부르게 되었습니다.

이 성이 있는 티롤이라는 마을에 하늘에라도 닿을 듯한 높은 산이 있었습니다.

이 산의 꼭대기에는 다바란이라는 이름의 도깨비가 살고 있었습니다.

다바란은 개와 같은 얼굴을 하고 털실과 같은 굵은 머리카락을 어깨까지 드리우고 있었습니다. 그리고 잘 보이는 황금빛 눈동자와 하얀 조개같은 튼튼한 손톱을 가지고 있었습니다.

다바란은 산 위에서 나무 열매랑 풀숲의 벌레를 먹으며 혼자서 살고 있었습니다만, 저녁 무렵이 되면 자주 마을에 내려 왔습니다. 아이들과 사이좋게 지내고 싶었던 것입니다.

오늘도 다바란은 '함께 놀아 줄 아이는 없을까.' 하고 생각하면서 마을을 거닐고 있었습니다.

◆ オンボロ (속어) 몹시 낡음.

王 おう 왕, 임금
町 まち 시내, 읍내, (행정단위) 쵸
村 むら 마을, 시골
人 ひと 사람
お金 かね 돈, 금전
天 てん 하늘, 공중
山 やま 산

名 なまえ 이름
犬 いぬ 개
け糸 いと 털실
見 みえる 보이다
金 きんいろ 금색, 금빛
目玉 めだま 눈알, 특매품
白 しろい 희다, 결백하다

貝 かい 조개
上 うえ 위
木 き 나무
草 くさ 풀
虫 むし 벌레, 곤충
夕 ゆうがた 해질녘, 저녁때
子 こども 자식, 아이

でも、**町**の**人**たちは、

　「わあ、ダバランだ。**早**くにげろ！」

と、いって、**右**へ**左**へにげていきます。**子**どもたちは、いそいで

うちの**中**に**入**ってかぎをかけてしまいます。

　「やっぱり、きょうもおなじだ。みんなこわがってにげてしまう。

ぼくは、ただみんなとあそびたいだけなのに。」

　ダバランはひとりごとをいいながら、**森**や**林**をぬけて**山**の**上**へ

かえっていきました。

　やがて、**日**がしずみ、**月**がのぼると、ダバランは**大**きないわに

のぼって**空**を**見上**げて、

　「ウオーッ！」

と、ほえました。それからこんどは、**山**の**下**の**田**んぼや**竹**やぶに

むかって、かなしいさけびごえをあげました。

早 はやい 이르다, 빠르다　　森 もり 숲　　　　　　空 そら 하늘, 공중, 날씨
右 みぎ 오른쪽　　　　　　　林 はやし 수풀, 숲　　見上 みあげる 올려다보다, 쳐다보다
左 ひだり 왼쪽　　　　　　　日 ひ 해, 햇빛,　　　下 した 아래, 밑
中 なか 안, 내부, 중앙　　　月 つき 달　　　　　田 たんぼ 논
入 はいる 들어가다, 들어오다　大 おおきい 크다　　竹 たけ やぶ 대숲, 대밭

하지만 마을 사람들은

"와, 다바란이다. 빨리 도망쳐!"

라고 말하며, 사방으로 도망갑니다. 아이들은 서둘러 집 안에 들어가 자물쇠를 잠그고
맙니다.

"역시, 오늘도 마찬가지인 걸. 모두 무서워서 도망치고 말아. 난 단지 모두와 놀고 싶
을 뿐인데."

다바란은 혼자서 중얼거리면서 숲과 수풀을 지나 산 위로 돌아갔습니다.

이윽고 날이 저물고 달이 뜨자, 다바란은 큰 바위에 올라 하늘을 올려다보며

"우어어-!"

하고 짖었습니다. 그리고 이번엔 산 아래의 논과 대밭을 향해 구슬프게 큰 소리를 질렀
습니다.

あるあさ、ダバランは、つよいかぜで目をさましました。

青かった空がきゅうにくもり、やがて雨がふり出しました。

その雨は、だんだんはげしくなりました。「これはふつうの雨じゃないぞ。」とダバランはおもい、りょう足を左右に大きくひらいて、空を見上げました。

すると、まっくろなくもが、もくもくと円をえがいておりてきたのです。

そのとき、ダダダダ、ゴーという音がダバランの耳にとどきました。

見ると、町のはんたいがわの山から、水がながれ出しているではありませんか。

やがて、水は川になって、ふもとの町へながれていきます。その川は、一つ、二つ、三つ、四つとふえ、すぐに五つ、六つになりました。

そのうちに、七つ、八つ、九つ、十と、どんどんふえていきます。

青 あお 파랑, 푸른색
雨 あめ 비
出 だす (밖으로) 내다, (앞으로) 내밀다
足 あし 다리
左右 さゆう 좌우
円 えん 원, 일본 화폐 단위 엔

音 おと 소리
耳 みみ 귀
水 みず 물
川 かわ 강
一 ひとつ 하나
二 ふたつ 둘
三 みっつ 셋

四 よっつ 넷
五 いつつ 다섯
六 むっつ 여섯
七 ななつ 일곱
八 やっつ 여덟
九 ここのつ 아홉
十 とお 열

어느 날 아침, 다바란은 세찬 바람으로 인해 잠을 깼습니다.

파랗던 하늘이 갑자기 어두워지며, 곧 비가 내리기 시작했습니다.

그 비는 점점 심해졌습니다. '이건 보통 비가 아니야.'라고 다바란은 생각하며, 양쪽
발을 좌우로 크게 벌려 하늘을 올려다봤습니다.

그러자 시커먼 구름이 뭉게뭉게 원을 그리며 내려왔던 것입니다.

그 때 '콰르르르, 쏴─!'하는 소리가 다바란의 귀에 들렸습니다.

보니, 마을 반대쪽 산에서 물이 흘러내리고 있는 게 아니겠습니까?

곧, 물은 강이 되어 산기슭 마을로 흘러갑니다. 그 내는 하나, 둘, 셋, 넷으로 늘어 바
로 다섯, 여섯이 되었습니다.

곧 이어 일곱, 여덟, 아홉, 열로 점점 늘어갑니다.

「このままでは、チロルの町があぶない。」

　ダバランは、つぶやきながら、町の小学校のほうに目をやりました。子どもたちがとう校するところでした。早くとう校した子どもたちを先生がむかえています。

　ダバランはころがるようにして、山をかけおりました。

　川はいまにもあふれそうになっていました。

　ダバランは、りょう手で大きな石をかかえて、川のふちにつんでいきました。休みなく、なん百こもつんでいきました。

　それを見た町の人たちは、

「おい、ダバランが町をまもろうとしているぞ。おれたちもやろう！」

といって、川のところへかけつけました。

　男たちは、手おし車に土や石をのせてはこびました。女たちは、土でていぼうをかためていきました。ダバランは、山から土や石をほり出しました。

小学校 しょうがっこう 초등학교
とう校 こう 등교
先生 せんせい 선생
手 て 손

石 いし 돌
休 やすみ 휴식, 휴일, 휴가
なん百 びゃく 몇 백
男 おとこ 사나이, 남자

手 て おし車 ぐるま 손수레
土 つち 땅, 흙
女 おんな 여자, 여성

"이대론 티롤 마을이 위험해."

다바란은 중얼거리면서 마을의 초등학교 쪽을 바라보았습니다. 아이들이 등교하는 중이었습니다. 빨리 등교한 아이들을 선생님이 맞이하고 있습니다.

다바란은 굴러가듯 산을 뛰어 내려갔습니다.

강은 당장이라도 넘칠 듯했습니다.

다바란은 양손으로 큰 돌을 안고 강가에 쌓아 갔습니다. 쉴 새 없이 몇 백 개나 쌓아 갔습니다.

그걸 본 마을 사람들은,

"이봐, 다바란이 마을을 지키려고 하고 있어. 우리들도 하자고!"

라고 말하며, 강 쪽으로 부랴부랴 갔습니다.

사내들은 손수레에 흙과 돌을 실어 날랐습니다. 여자들은 흙으로 제방을 굳혀 나갔습니다. 다바란은 산에서 흙과 돌을 파내기 시작했습니다.

町をまもろうとする人たちは、どんどんふえて、なん十人、なん百人にもなりました。それでも雨は、はげしさをまし、いよいよ川の水は町におそいかかろうとするいきおいです。

　お城でこのようすを見ていたオボロン王はあわてました。

「たすけてくれ！　おれはおよげないんだ。」

　そして、けらいにめいれいを出しました。

「いますぐ、この町を出るのだ。こんなところにいたら、お城が水につかってしまう。さあ、早くしろ！」

　オボロン王は、こういって、さっさと馬車にのりこみ、けらいといっしょに町を出ていってしまいました。

　そうするうちにも、ていぼうづくりにくわわる人は、ますますふえて、気がつくと、千人をこえるほどにもなっていました。

　ていぼうは、どんどんたかくなり、あふれそうになっていた水をくいとめることができました。

　ついに、ダバランたちはみんなの力で、町をまもりぬいたのです。

　よるになって雨がやむと、町の人たちは、みんなで火をかこんでよろこびあいました。

「これも、ダバランのおかげだ。本当にありがたい。」

　町の人たちは、口ぐちにいいました。

마을을 지키려고 하는 사람들은 점점 늘어 몇 십 명, 몇 백 명이나 되었습니다. 하지만 비는 더욱 거세져 마침내 강물은 마을을 덮치려고 하는 기세입니다.

성에서 이 모습을 보고 있던 오보론 왕은 당황했습니다.

"살려줘! 난 헤엄을 칠 줄 몰라."

그리고 부하에게 명령을 내렸습니다.

"지금 곧, 이 마을을 떠날 채비를 하게. 이런 곳에 있으면 성이 물에 잠기고 말아. 자 서두르게!"

오보론 왕은 이렇게 말하며, 재빨리 마차에 올라타곤 부하와 함께 마을을 떠나 버렸습니다.

그러는 사이에도 제방 만들기에 참여하는 사람은 점점 늘어나 정신을 차려 보니 천 명을 넘을 정도까지 되어 있었습니다.

제방은 점점 높아져 넘칠 듯했던 물을 막을 수가 있었습니다.

마침내 다바란은 모두의 힘으로 마을을 끝까지 지켜냈던 것입니다.

밤이 되어 비가 그치자 마을 사람들은 모두 불을 둘러싸고 서로 기뻐했습니다.

"이것도 다바란 덕분이야. 정말 고맙네."

마을 사람들은 제각기 말했습니다.

なん十人 じゅうにん 몇 십 명
なん百人 ひゃくにん 몇 백 명
馬車 ばしゃ 마차

気 き 기운, 맛, 정신, 기력
千人 せんにん 천 명
力 ちから 힘

火 ひ 불
本当 ほんとう 사실, 진짜
口 くちぐち 저마다 말함, 출입구

それから、みんなで、王のいなくなったお城に入り、ごちそうをたべて、たのしい一ばんをすごしました。

　つぎの年のはじめには、お城の正面に、〈ダバラン王〉という文字をほった石のもんが立てられました。

　そして、はるになると、お城のまわりに赤いきれいな花がたくさんうえられました。

　ダバランがこのお城にすむようになってから、この国の人たちは、もうだれも、もんくをいわなくなりました。

　そして、ダバラン王が町へ出てくると、子どもたちはかけよって、いっしょにあそんだということです。

一ひとばん 하룻밤, 밤새　　文字もじ 문자　　　　花はな 꽃
年とし 해　　　　　　　　立たてる 세우다
正面しょうめん 정면　　　　赤あかい 붉다, 빨갛다

그리고 모두 왕이 없어진 성에 들어가 맛있는 음식을 먹으며, 즐거운 하룻밤을 보냈습니다.

다음 해 초에는 성의 정면에 〈다바란 왕〉이라는 문자를 새긴 돌문이 세워졌습니다.

그리고 봄이 되자 성 주위에 빨간 예쁜 꽃이 많이 심어졌습니다.

다바란이 이 성에 살게 된 후, 이 나라의 사람들은 더 이상 아무도 불평을 하지 않게 되었습니다.

그리고 다바란 왕이 마을에 나오면 아이들은 달려와 함께 놀았다는 이야기입니다.

1학년 종합신습한자

王 왕, 임금

町 시내, 읍내, (행정단위) 쵸

村 마을, 시골

人 사람

お金 돈, 금전

天 하늘, 공중

山 산

名まえ 이름

犬 개

け糸 털실

見える 보이다

金いろ 금색, 금빛

目玉 눈알, 특매품

白い 희다, 결백하다

貝 조개

上 위

木 나무

草 풀

虫 벌레, 곤충

夕がた 해질녘, 저녁때

子ども 자식, 아이

早い 이르다, 빠르다

右 오른쪽

左 왼쪽

中 안, 내부, 중앙

入る 들어가다, 들어오다

森 숲

林 수풀, 숲

日 해, 햇빛

月 달

大きい 크다

空 하늘, 공중, 날씨

見上げる 올려다보다

下 아래, 밑

田んぼ 논

竹やぶ 대숲, 대밭

青 파랑, 푸른색

雨 비

出す (밖으로) 내다, 내밀다

足 다리

左右 좌우

円 원, 일본 화폐 단위 엔

音 소리

耳 귀

水 물

川 강

一つ 하나

二つ 둘

三つ 셋

四つ 넷

五つ 다섯

六つ 여섯

七つ 일곱

八つ 여덟

九つ 아홉

十 열

小学校 초등학교

とう校 등교

先生 선생

手 손

石 돌

休み 휴식, 휴일, 휴가

なん百 몇 백

男 사나이, 남자   気 기운, 맛, 정신, 기력   年 해

手おし車 손수레   千人 천 명   正面 정면

土 땅, 흙   力 힘   文字 문자

女 여자, 여성   火 불   立てる 세우다

なん十人 몇 십 명   本当 사실, 진짜   赤い 붉다, 빨갛다

なん百人 몇 백 명   口ぐち 저마다 말함, 출입구   花 꽃

馬車 마차   一ばん 하룻밤, 밤새

TIP 일본어 숫자 읽기

一 いち 1	三十 さんじゅう 30	七百 ななひゃく 700
二 に 2	四十 よんじゅう・しじゅう 40	八百 はっぴゃく 800
三 さん 3	五十 ごじゅう 50	九百 きゅうひゃく 900
四 し・よん・よ 4	六十 ろくじゅう 60	千 せん 1,000
五 ご 5	七十 しちじゅう・ななじゅう 70	三千 さんぜん 3,000
六 ろく 6	八十 はちじゅう 80	六千 ろくせん 6,000
七 しち・なな 7	九十 きゅうじゅう 90	八千 はっせん 8,000
八 はち 8	百 ひゃく 100	一万 いちまん 10,000
九 きゅう・く 9	二百 にひゃく 200	十万 じゅうまん 100,000
十 じゅう 10	三百 さんびゃく 300	百万 ひゃくまん 백만
十一〜十九 じゅういち +〔いち, に, さん…〕 11〜19	四百 よんひゃく 400	千万 せんまん 천만
二十 にじゅう 20	五百 ごひゃく 500	一億 いちおく 1억
	六百 ろっぴゃく 600	一兆 いっちょう 1조

2학년
한자 160자

ぽん太と
海の町

폰타와 항구도시

一

京都市から北へ、電車で二時間ほど行った山のおくに、月見台というたぬきの村がありました。

その村のはずれにぽん太の家がありました。ぽん太は七人家族でした。お父さんとお母さん、それにお兄さんとお姉さん、それから生まれたばかりの弟と妹がいました。

長い冬がおわり、この月見台の村にも、やっとおそい春がやってきました。雪もほとんどとけ、今はもう、谷に少しのこるだけになりました。

よく晴れた朝のことです。ぽん太は、小鳥の鳴き声でだれよりも早く目をさましました。きょうから、たぬき小学校の新学期がはじまるのです。

八才のぽん太は、こんど三年生になります。早く学校へ行きたくてし方がありません。

「お兄ちゃん、お姉ちゃん、早くおきて！」

ぽん太は一番におきてみんなをおこしました。

「ぽん太は元気だなあ。」

お父さんが言いました。

「だって、ぼく学校が大すきだもん。それに友だちとあそぶの楽しいし。」

1

교토시에서 북쪽으로 전차로 2시간 정도 간 산속에 츠키미다이(月見台)라는 너구리 마을이 있었습니다.

그 마을의 변두리에 폰타 집이 있었습니다. 폰타는 가족이 일곱 명이었습니다. 아빠와 엄마, 형과 누나 그리고 갓 태어난 남동생과 여동생이 있었습니다.

긴 겨울이 끝나고 이 츠키미다이 마을에도 겨우 늦은 봄이 찾아왔습니다. 눈도 거의 녹아 지금은 이제 계곡에 조금 남아 있을 뿐입니다.

매우 화창한 아침의 일입니다. 폰타는 작은 새의 지저귀는 소리에 누구보다도 빨리 눈을 떴습니다. 오늘부터 너구리 초등학교의 신학기가 시작된 것입니다.

여덟 살이 된 폰타는 이번에 3학년이 됩니다. 빨리 학교에 가고 싶어서 견딜 수가 없습니다.

"형, 누나, 빨리 일어나!"

폰타는 제일 먼저 일어나 모두를 깨웠습니다.

"우리 폰타, 부지런하네."

아빠가 말했습니다.

"왜냐하면 난 학교를 엄청 좋아하는 걸. 게다가 친구들과 노는 것도 즐겁고."

京都市 きょうとし 교토시
北 きた 북쪽
電車 でんしゃ 전차
時間 じかん 시간
行 いく 가다
月見台 つきみだい 츠키미다이(지명)
家 いえ 집
家族 かぞく 가족
お父 とうさん 아버지
お母 かあさん 어머니
お兄 にいさん 오빠, 형

お姉 ねえさん 누나, 언니
弟 おとうと 남동생
妹 いもうと 여동생
長 ながい 길다
冬 ふゆ 겨울
春 はる 봄
雪 ゆき 눈
今 いま 지금
谷 たに 골짜기
少 すこし 조금
晴 はれ (날씨가) 갬, 맑음

朝 あさ 아침
小鳥 ことり 작은 새
鳴 なき声 ごえ 울음소리
新学期 しんがっき 신학기
八才 はっさい 여덟 살
し方 かたない 하는 수 없다
一番 いちばん 첫째, 맨 처음, 일등
元気 げんき 원기, 건강함
言 いう 말하다
友 ともだち 친구
楽 たのしい 즐겁다

「じゃあ、勉強はどうだ。」

「算数がすきだよ。でも、今年からはじまる理科や社会も楽しみだなあ。」

ぽん太は、まっ黒な丸い目をくりくりさせて言いました。それを聞いていたお兄ちゃんが、言いました。

「ぼくは、図工がすきだな。絵をかいたり、工作をしたりするのが楽しいな。」

「わたしは、国語と音楽がいいな。本読みもすきだし、うちで日記を書くのも楽しいわ。それに歌うのも大すき。」

お姉ちゃんも言います。

みんなでこんな話をしていると、

「早く顔をあらって、頭と体の毛をとかしなさい。」

台所のお母さんが言いました。

三人は、いそいで顔をあらい、いつもよりていねいに茶色の毛をとかしました。それからみんなで朝ごはんを食べました。

小さい弟と妹は、そのとなりでまだねむっています。

「行ってきます！」

三人は、うちをとび出しました。そして、小学校をめざしてぐんぐん歩いて行きました。

"그럼, 공부는 어떻니?"

"산수를 좋아해. 하지만 올해부터 시작될 이과와 사회도 기대 돼."

폰타는 아주 시커먼 동그란 눈방울을 굴리며 말했습니다. 이 말을 듣고 있던 형이 말했습니다.

"난, 미술시간을 좋아해. 그림을 그리거나 만들거나 하는 게 재밌어."

"난, 국어와 음악이 좋아. 책 읽는 것도 좋아하고, 집에서 일기를 쓰는 것도 즐거워. 게다가 노래하는 것도 무지 좋아해."

누나도 말합니다.

모두 이런 이야기를 하고 있자니,

"빨리 얼굴을 씻고 머리와 몸의 털을 빗으렴."

부엌에 있던 엄마가 말했습니다.

셋은 얼른 얼굴을 씻고, 평소보다 정성껏 갈색 털을 빗었습니다. 그리고 모두 아침을 먹었습니다.

어린 남동생과 여동생은 그 옆에서 아직 자고 있습니다.

"다녀오겠습니다!"

셋은 집을 나섰습니다. 그리고 초등학교를 향해 힘차게 걸어갔습니다.

勉強 べんきょう 공부
算数 さんすう 산수
今年 ことし 금년, 올해
理科 りか 이과
社会 しゃかい 사회
まっ黒 くろ 새까맘
丸 まるい 둥글다
聞 きく 듣다, 묻다
図工 ずこう 미술시간

絵 え 그림
工作 こうさく 공작
国語 こくご 국어
音楽 おんがく 음악
本読 ほんよみ 책을 읽음, 독서
日記 にっき 일기
書 かく (글씨를) 쓰다, (글을) 쓰다
歌 うたう 노래하다, 읊다
話 はなし 말, 대화

顔 かお 얼굴, 표정, 기색
頭 あたま 머리, 두뇌, 생각
体 からだ 몸
毛 け 털
台所 だいどころ 부엌, 주방
茶色 ちゃいろ 갈색
食 たべる 먹다
歩 あるく 걷다

森の中の道を通って野原に出ると、東の空の雲の間から、黄色い光が直線を引いたようにふりそそいできました。三人は、心がはずみ、思わず歌を口ずさみました。

　それからしばらく行くと、遠くに学校の広場が見えはじめました。もう多くの子どもたちが来ているようです。三人はとうとう走り出しました。

　学校の門の近くまで来た時、

「ぽん太、元気だったかい？」

というなつかしい声がしました。見ると、友だちのさんきちでした。

　二人はひさしぶりに会えてうれしくて、うでを組んで教室へ入って行きました。

　その夜、ぽん太のうちは、大さわぎでした。

「お母さん、ぼくはこんな絵をかいたよ。」

道 みち 길
通 とおる 지나가다, 통과하다
野原 のはら 들, 들판
東 ひがし 동쪽
雲 くも 구름
間 あいだ 사이
黄色 きいろ 노란색
光 ひかり 빛
直線 ちょくせん 직선

引 ひく 끌다, 잡아당기다
心 こころ 마음
思 おもわず 무의식 중에, 무심코
遠 とおく 멀리
広場 ひろば 광장
多 おおく 많이
来 くる 오다
走 はしり出だす 달리기 시작하다
門 もん 문

近 ちかく 근처
時 とき 때, 시간
声 こえ 목소리, 소리
会 あえる 만날 수 있다
組 くむ 짜다, 끼다, 협동하다
教室 きょうしつ 교실
夜 よる 밤

숲속 길을 지나 들판에 나오자, 동쪽 하늘 구름 사이에서 햇살이 직선을 긋듯 내리쬐었습니다. 셋은 마음이 들떠 그만 노래를 흥얼거렸습니다.

그리고 잠시 가자 멀리 학교 운동장이 보이기 시작했습니다. 벌써 많은 아이들이 와 있는 것 같습니다. 셋은 결국 달리기 시작했습니다.

학교 문 근처까지 왔을 때,

"폰타, 잘 지냈니?"

라고 하는 정겨운 소리가 들렸습니다. 보니 친구인 산키치였습니다.

둘은 오래간만에 만나 기뻐서 팔짱을 끼며 교실로 들어갔습니다.

그날 밤, 폰타의 집은 큰 소동이 일어났습니다.

"엄마, 내가 그린 그림이야."

ぽん太は、**画用紙を広げて見せました。それは、家族みんなの絵でした。**

　「わあ、すごい。みんなよくにているね。」

　お母さんは、うれしそうに言いました。

　「それから、**体そうの時間に、馬とびもやったよ。ぼくが一番**うまいってほめられたんだ。」

　ぽん太はとくいそうに言いました。

　「ぼくは、三角形をならったよ。」

と、お兄ちゃんが言いました。

　「ほう、むずかしいことをならったなあ。」

　お父さんがかんしんして言いました。

　「わたしは、一分間計算の答えがぜんぶ合っていて、百点だったわ。」

　お姉ちゃんもとくいそうです。

　「わあ、すごいね。」

　お米をあらいながら、お母さんがほめました。

폰타는 도화지를 펼쳐 보여주었습니다. 그건 가족 모두의 그림이었습니다.

"야, 대단한데. 어쩜 이렇게 똑같이 그렸대."

엄마는 기쁜 듯이 말했습니다.

"그리고 체조시간에 말타기 놀이도 했어. 내가 제일 잘한다고 칭찬 받았어."

폰타는 자랑스러운 듯이 말했습니다.

"난, 삼각형을 배웠어."

하고, 형이 말했습니다.

"허, 어려운 것을 배웠구나."

아빠가 감탄을 하며 말했습니다.

"난, 1분간 계산한 답이 전부 맞아 백점을 맞았어."

누나도 자랑스러워했습니다.

"야, 대단한 걸."

쌀을 씻으면서 엄마가 칭찬했습니다.

画用紙 がようし 도화지　　　**三角形** さんかくけい 삼각형　　　**合** あう 맞다, 어울리다
広 ひろげる 넓히다, 확대하다　　**一分間** いっぷんかん 1분간　　**百点** ひゃくてん 백점
体 たいそう 체조　　　　　　**計算** けいさん 계산　　　　**米** こめ 쌀
馬 うま 말　　　　　　　　　**答** こたえ 대답

二

　それから一週間後の日曜日のことです。ぽん太は、午前中ずっと、しゅくだいの弓矢を作っていました。太い木のえだを切って、小刀で細くけずりました。それから、鳥の羽をつけてりっぱな矢のかんせいです。ぽん太は、「われながらうまくできたな。」と思いました。

　お昼すぎに、ぽん太は、弓矢をもって、友だちのさんきちの家へあそびに行きました。

　二人は近くの公園で走り回ってあそびました。それから池で魚をとってあそびました。二人とも、時間のたつのもわすれてあそんでいたのです。ふと気がつくと、もう南の空に星が光っていました。

　「わあ、もう夜だ。早く帰らなくちゃ。」

　ぽん太は、こう言って、かけ出しました。

　ぽん太が家へ帰ってみると、戸があいたままになっていました。「戸をあけっぱなしにしてどうしたんだろう。」と思いながら中へ入りました。

　ところが、中にはだれもいません。小さい弟も妹もいないのです。

　「お母さん！ お父さん！」

2

그리고 1주일 후인 일요일의 일입니다. 폰타는 오전 내내 숙제인 활과 화살을 만들고 있었습니다. 굵은 나뭇가지를 잘라 주머니칼로 가늘게 깎았습니다. 그리고 새 깃털을 달아 멋진 화살을 완성했습니다. 폰타는 '내가 생각해도 잘 만들었어.' 라고 생각했습니다.

점심이 지나 폰타는 활과 화살을 가지고 친구인 산키치 집에 놀러 갔습니다.

둘은 근처 공원에서 뛰어다니며 놀았습니다. 그리고 연못에서 고기를 잡고 놀았습니다. 둘 다 시간이 지나는 것도 잊고 놀고 있었던 것입니다. 문득 정신을 차려보니 벌써 남쪽 하늘에 별이 빛나고 있었습니다.

"와, 벌써 밤이네. 빨리 돌아가야겠어."

폰타는 이렇게 말하며 뛰기 시작했습니다.

폰타가 집에 돌아와 보니 문이 열린 채로 있었습니다. '무슨 일로 문이 열려 있는 거지?' 하고 생각하면서 안에 들어갔습니다.

그러나 안에는 아무도 없습니다. 어린 남동생도 여동생도 없는 것입니다.

"엄마! 아빠!"

一週間後 いっしゅうかんご 일주일 후
日曜日 にちようび 일요일
午前 ごぜん 오전
弓矢 ゆみや 활과 화살
太 ふとい 굵다
切 きる 베다, 자르다, (관계를) 끊다
小刀 こがたな 창칼, 주머니칼

細 ほそい 가늘다, (폭이) 좁다
羽 はね 새털, 깃
昼 ひる 낮, 정오
公園 こうえん 공원
走り回 はしりまわる 뛰어 돌아다니다
池 いけ 연못
魚 さかな 물고기, 생선

南 みなみ 남쪽
星 ほし 별
光 ひかる 빛나다
帰 かえる 돌아오다, 돌아가다
戸 と 문, 문짝

よんでもへんじがありません。

「お兄ちゃん！ お姉ちゃん！」

やっぱりだれもいないようです。「みんなでどこかへ出かけたんだろうか。それとも、何かあったんだろうか。」と、ぽん太は、考えました。

心配になって、もう一度外へ出てみました。でも、だれもいるようすはありません。ぽん太は、家の前の大きな岩にのぼって、遠くを見わたしました。やはり、だれもいません。

「おうい！ みんなどこへ行ったんだ！」

ぽん太はさけびました。こんどは、小高いおかにのぼってみました。

「お母さん！ お父さん！ どこにいるの！」

ぽん太は力いっぱいさけびましたが、へんじはありません。ただ、遠くでオオカミの鳴き声が聞こえるだけでした。

ぽん太はこわくなって家にもどり、内がわからかぎをかけました。

その夜、ぽん太はなかなかねむれませんでした。

「朝になったら、きっと帰ってくるさ。」と、ぽん太は自分に言い聞かせました。

つぎの朝、ぽん太は、明るくなるのをまって、外に出てみました。

불러도 대답이 없습니다.

"형! 누나!"

역시 아무도 없는 것 같습니다. '모두 어딘가에 나간 걸까? 아니면 무슨 일이 있었던 걸까?' 하고 폰타는 생각했습니다.

걱정이 되어 다시 한 번 밖에 나가 봤습니다. 하지만 아무런 인기척이 없습니다. 폰타는 집앞의 큰 바위에 올라 멀리 바라봤습니다. 역시 아무도 없습니다.

"어이! 모두 어디에 간 거야!"

폰타는 외쳤습니다. 이번에는 좀 높은 언덕에 올라가 봤습니다.

"엄마! 아빠! 어디에 있어!"

폰타는 힘껏 외쳤습니다만 대답이 없습니다. 다만, 멀리서 늑대 울음소리가 들릴 뿐이었습니다.

폰타는 무서워져 집에 돌아가 안쪽에서 자물쇠를 채웠습니다.

그날 밤, 폰타는 좀처럼 잠을 이루지 못했습니다.

"아침이 되면 틀림없이 돌아올 거야." 하고 폰타는 자신에게 타일렀습니다.

다음날 아침, 폰타는 밝아지길 기다렸다 밖에 나가 봤습니다.

何 なに**か** 뭔가, 어쩐지
考 かんが**える** 생각하다
心配 しんぱい 근심, 걱정, 배려
外 そと 바깥, 외부

前 まえ 앞, 정면, 이전
岩 いわ 바위
小高 こだか**い** 조금 높다
内 うち**がわ** 안쪽, 내면

自分 じぶん 자기, 자신
明 あか**るい** 밝다

やはり、だれもいません。「やっぱりだめだ。いったい、どうしたんだろう。」と、ぽん太はかなしい気もちになりました。

午後になって、**弱い**雨がふりはじめました。

ぽん太は、力なく**首**をたれて、**図工の時間**にかいた**家族の絵**をじっと見つめました。なみだがぽろぽろ出てきました。

しばらくして、**食べかけのごはん**を口に入れましたが、**半分も食べる**ことができませんでした。

三

それからというもの、ぽん太は**毎日毎日**、**家族**をさがしました。村じゅうをさがし回りましたが、見つかりません。**知り合い**にもたずねてみました。でも、だれもすがたを見かけた人はいませんでした。

ぽん太はだんだん**体**が**弱っ**ていきました。

そんな**時**、

「ぽん太、しっかりごはんを**食べ**ないとだめだよ。」

と、なつかしいお母さんの声がしました。

「あっ、お母さん！　帰って来たんだね。」

午後 ごご 오후　　　　　　首 くび 목　　　　　　毎日 まいにち 매일
弱 よわい 약하다　　　　半分 はんぶん 절반　　　知 しり合 あい 친지, 아는 사이

역시 아무도 없습니다. '역시 소용없어. 도대체 무슨 일일까.' 라고 폰타는 슬픈 기분이 들었습니다.

오후가 되어 약한 비가 내리기 시작했습니다.

폰타는 힘없이 고개를 떨구며 미술 시간에 그린 가족의 그림을 물끄러미 바라봤습니다. 눈물이 뚝뚝 흘러내렸습니다.

잠시 후 먹다 만 밥을 입에 넣었습니다만 절반도 먹지 못했습니다.

3

그리고 나서 폰타는 매일 매일 가족을 찾았습니다. 온 마을을 찾아 돌아다녔습니다만 찾지 못했습니다. 아는 사람에게도 물어봤습니다. 하지만 아무도 모습을 본 사람은 없었습니다.

폰타는 점점 몸이 약해져 갔습니다.

그 때

"폰타, 밥을 듬뿍 먹지 않으면 안 돼."

하고, 그리운 엄마 목소리가 들렸습니다.

"앗, 엄마! 돌아온 거 맞지."

ぽん太は、さけんで手をのばしました。すると、お母さんはすうっときえてしまいました。

「あっ、ゆめだったのか。」

ぽん太のむねはしめつけられるようにくるしくなりました。

それからしばらくして、ぽん太はまたお母さんのゆめをみました。

「ぽん太、お母さんたちは、海の見える山でくらしているんだよ。お前もおいで。」

お母さんはしずかに言いました。

「その山はどこにあるの？」

ぽん太はさけびましたが、お母さんは何も言わずにきえてしまいました。

「そうだ。きっと何かわけがあって、ひっこしたんだ。よし、海の見える山をさがそう。」と、ぽん太は思いました。

ひさしぶりに元気が出てきました。そして、もとの活発なぽん太にもどりました。ぽん太は、いくつも山をこえ、谷をこえて、海をさがしました。

すると、古いお寺が見えてきました。やがていねや麦が風にほをゆらしているのも見えてきました。

海 うみ 바다
活発 かっぱつ 활발

古 ふるい 낡다, 오래되다
寺 てら 절

麦 むぎ 보리

폰타는 부르짖으며 손을 내밀었습니다. 그러자 엄마는 쓱 사라지고 말았습니다.

"앗, 꿈이었나."

폰타의 가슴은 죄어드는 듯이 괴로워졌습니다.

그리고 잠시 후, 폰타는 또 엄마 꿈을 꿨습니다.

"폰타, 엄마는 바다가 보이는 산에서 지내고 있어. 너도 오렴."

엄마는 차분하게 말했습니다.

"그 산은 어디에 있어?"

폰타는 외쳤습니다만, 엄마는 아무 말도 하지 않고 사라지고 말았습니다.

"맞아. 틀림없이 무슨 이유가 있어 이사한 걸 거야. 좋아, 바다가 보이는 산을 찾아보자."하고, 폰타는 생각했습니다.

오래간만에 힘이 났습니다. 그리고 원래의 활발한 폰타로 되돌아왔습니다. 폰타는 산을 몇 개나 넘어 계곡을 넘어 바다를 찾았습니다.

그러자 오래된 절이 보였습니다. 얼마 안 있어 벼와 보리가 바람에 이삭이 흔들리고 있는 것도 보였습니다.

夏がすぎ、やがて**秋風**がふくようになったある日のことです。

　ぽん太は、**牛**の鳴き声で、いそぐ足を**止め**ました。

「もう**人里**が近いぞ。」

と思ったぽん太は、また、**細い道**をくだって**行き**ました。

　さらにすすんで**行く**と、大きな町に出ました。

　広い道がたてとよこに**交差**しています。いろいろなお**店**がたく

さんあって、おいしそうなものが**売ら**れていました。

　ぽん太は、「これが学校でならった**人間**の町だな。」と思いまし

た。

　おなかがすいていたぽん太は、はっぱの**一万円**さつを出して、

お肉を買って食べました。

　それから、川ぞいに**歩いて行く**と、大きな川に出ました。

「この川は、**海**につながっているはずだ。」こう**思っ**たぽん太は、

とまっていた**船**にさっとのりこみました。

夏 なつ 여름
秋風 あきかぜ 가을바람
牛 うし 소
止とめる 멈추다, 세우다
人里 ひとざと 마을

交差 こうさ 교차
店 みせ 가게
売うる 팔다
人間 にんげん 인간
一万円 いちまんえん 만 엔

肉 にく 고기
買かう 사다
船 ふね 배

여름이 지나, 곧 가을바람이 불게 된 어느 날의 일입니다.

폰타는 소의 울음소리에 서두르던 발길을 멈췄습니다.

'이제 마을 근처에 온 것 같아.'

라고 생각한 폰타는 또 좁은 길을 내려갔습니다.

더 내려가자 큰 마을이 나왔습니다.

넓은 길이 세로와 가로로 교차하고 있습니다. 가게가 많이 있고, 먹음직스러운 것을 팔고 있었습니다.

폰타는 '이게 학교에서 배운 사람이 사는 마을이야.'라고 생각했습니다.

배가 고팠던 폰타는 만 엔짜리 지폐를 꺼내 고기를 사서 먹었습니다.

그리고 강가로 걸어가자 큰 강이 나왔습니다.

'이 강은 바다로 이어져 있을 거야.' 이렇게 생각한 폰타는 정박해 있던 배에 살짝 올라탔습니다.

まもなく船は、日がしずみかけた西の方角へむかって、走り出しました。船の中に、人間の親子がのっていました。お母さんと子どもが楽しそうにお話をしています。

ぽん太は、ものかげからそれを見ながら、「早くみんなに会いたいな。」と思いました。

四

やっと船は海の町へつきました。

ぽん太は、船からとびおりると、海の近くの山をめざして力いっぱい走りました。

その時です。ゴーという地ひびきがしたかと思うと、大きな汽車がすごい音をたてて目の前を通りすぎました。

ぽん太は、びっくりしてしりもちをついてしまいました。こわくて足がふるえて歩けません。

「お母さん！ お父さん！ こわいよ！」

ぽん太は、線路のそばで、さけびました。

西 にし 서쪽

方角 ほうがく 방위, 방향

親子 おやこ 어버이와 자식, 부자, 모자

地 じ ひびき 진동으로 지면이 울리는 소리

汽車 きしゃ 기차

線路 せんろ 선로

곧 배는 해가 지기 시작한 서쪽 방향을 향해 달리기 시작했습니다. 배 안에 인간의 모자(親子)가 타고 있었습니다. 엄마와 아이가 즐거운 듯이 얘기를 하고 있습니다.

폰타는 숨어서 그 모습을 보면서 '빨리 모두를 만나고 싶어.' 라고 생각했습니다.

4

겨우 배는 항구 도시에 도착했습니다.

폰타는 배에서 뛰어내리자 바다 근처의 산을 향해 힘껏 달렸습니다.

그 때입니다. '뿌-앙!' 하고 지축이 흔들리는가 싶더니 큰 기차가 굉음을 내며 눈앞을 지나갔습니다.

폰타는 깜짝 놀라 엉덩방아를 찧고 말았습니다. 무서워서 다리가 후들거려 걸을 수 없습니다.

"엄마! 아빠! 무서워!"

폰타는 선로 옆에서 외쳤습니다.

すると、

　「ぽん太！」

という声が聞こえてきました。お母さんの声のようです。

　「お母さん！」

　ぽん太は、力いっぱいさけびました。

　こんどは、

　「ぽん太！」

という声といっしょに、たくさんの黒いかげがこちらへ近づいて

きます。

　やがてはっきり顔が見えるようになりました。

　「お母さん、お父さん。本当にお母さんだね。本当にお父さん

だね。」

　ぽん太が言うと、お母さんも同じように、

　「本当にぽん太だね。」

と、今にもなきそうな声で言いました。

　お父さんが、

　「ぽん太、元気だったかい？」

と、うれしそうに言いました。

　「お兄ちゃん、お姉ちゃん。ぼくをむかえに山からおりてきて

くれたんだね。」

　ぽん太は、二人の手をしっかりにぎって言いました。

그러자

"폰타!"

라고 하는 소리가 들려왔습니다. 엄마 소리 같습니다.

"엄마!"

폰타는 힘껏 외쳤습니다.

이번엔

"폰타!"

라고 하는 소리와 함께 많은 검은 그림자가 이쪽으로 다가옵니다.

얼마 안 있어 또렷이 얼굴이 보이게 되었습니다.

"엄마, 아빠. 진짜로 엄마 맞지. 진짜로 아빠 맞지."

폰타가 말하자 엄마도 똑같이,

"정말로 우리 폰타 맞는 거지."

하고, 금방이라도 울 듯한 소리로 말했습니다.

아빠가,

"폰타, 잘 지냈니?"

하고, 기쁜 듯이 말했습니다.

"형과 누나도 날 마중하러 산에서 내려와 주었군."

폰타는 둘의 손을 꽉 잡으며 말했습니다.

本当 ほんとう 사실, 진짜　　　同 おなじ 같음, 동일함

それから、大きくなった二人の**弟**と**妹**をだきしめました。

　「ぽん太、ゆるしておくれ。お母さんたちは、あの日、オオカ
ミにおそわれて、にげるしかなかったんだよ。**何日**も**何日**もにげ
回った。そしてとうとうこの町までにげてきたんだ。でも、お**前**
のことは一日もわすれたことはなかったよ。」

　お母さんがなみだをふきながら言いました。

　「でも、ちゃんとゆめに出てきてくれたよ。だから、ここがわ
かったんだ。」

　ぽん太が言うと、お母さんが、

　「お**母**さんも、お**前**がゆめに出てきて、ここへ**来**ることがわ
かったんだよ。」

と、びっくりしたように言いました。

　それから、七つの黒いかげは、ピョコピョコおどりながら、**新**
しい山の**新**しい**家**へ**帰**って**行**きました。

何日 なんにち 며칠　　　　　　新 あたらしい 새롭다

그리고 커진 두 남동생과 여동생을 껴안았습니다.

"폰타, 용서해 주렴. 엄마는 그날, 늑대의 습격을 받아 도망칠 수밖에 없었단다. 며칠씩이나 도망쳐 다녔어. 그리고 결국 이 마을까지 도망쳐 왔단다. 하지만 널 하루도 잊은 적은 없었어."

엄마가 눈물을 닦으며 말했습니다.

"하지만 꿈에 선명하게 나타나 줬는 걸. 그래서 여기를 알 수 있었어."

폰타가 말하자 엄마가

"엄마도 폰타가 꿈에 나타나 여기에 올 수 있었단다."

하고, 깜짝 놀란 듯이 말했습니다.

그리고 일곱 개의 검은 그림자는 껑충껑충 뛰면서 새로운 산의 새로운 집으로 돌아갔습니다.

1

京都市 교토시

北 북쪽

電車 전차

時間 시간

行く 가다

月見台 츠키미다이

家 집

家族 가족

お父さん 아버지

お母さん 어머니

お兄さん 오빠, 형

お姉さん 누나, 언니

弟 남동생

妹 여동생

長い 길다

冬 겨울

春 봄

雪 눈

今 지금

谷 골짜기

少し 조금

晴れ (날씨가) 갬, 맑음

朝 아침

小鳥 작은 새

鳴き声 울음소리

新学期 신학기

八才 여덟 살

し方ない 하는 수 없다

一番 첫째, 맨 처음, 일등

元気 원기, 건강함

言う 말하다

友だち 친구

楽しい 즐겁다

勉強 공부

算数 산수

今年 금년, 올해

理科 이과

社会 사회

まっ黒 새까맘

丸い 둥글다

聞く 듣다, 묻다

図工 미술시간

絵 그림

工作 공작

国語 국어

音楽 음악

本読み 책을 읽음, 독서

日記 일기

書く (글씨를) 쓰다, (글을) 쓰다

歌う 노래하다, 읊다

話 말, 대화

顔 얼굴, 표정, 기색

頭 머리, 두뇌, 생각

体 몸

毛 털

台所 부엌, 주방

茶色 갈색

食べる 먹다

歩く 걷다

道 길

通る 지나가다, 통과하다

野原 들, 들판

東 동쪽

雲 구름

間 사이

黄色 노란색

光 빛

直線 직선

引く 끌다, 잡아당기다

心 마음

思わず 무의식 중에, 무심코

遠く 멀리

広場 광장

多く 많이

来る 오다

走り出す 달리기 시작하다

門 문

近く 근처

時 때, 시간

声 목소리, 소리

会える 만날 수 있다

組む 짜다, 끼다, 협동하다

教室 교실

夜 밤

画用紙 도화지

広げる 넓히다, 확대하다

体そう 체조

馬 말

三角形 삼각형

一分間 1분간

計算 계산

答え 대답

合う 맞다, 어울리다

百点 백점

米 쌀

2

一週間後 일주일 후

日曜日 일요일

午前 오전

弓矢 활과 화살

太い 굵다

切る 베다, 자르다, (관계를) 끊다

小刀 창칼, 주머니칼

細い 가늘다, (폭이) 좁다

羽 새털, 깃

昼 낮, 정오

公園 공원

走り回る 뛰어 돌아다니다

池 연못

魚 물고기, 생선

南 남쪽

星 별

光る 빛나다

帰る 돌아오다, 돌아가다

戸 문, 문짝

何か 뭔가, 어쩐지

考える 생각하다

心配 근심, 걱정, 배려

外 바깥, 외부

前 앞, 정면, 이전

岩 바위

小高い 조금 높다

内がわ 안쪽, 내면

自分 자기, 자신

明るい 밝다

午後 오후

弱い 약하다

首 목

半分 절반

3

毎日 매일

知り合い 친지, 아는 사이

海 바다

活発 활발

古い 낡다, 오래되다

寺 절

麦 보리

夏 여름

秋風 가을바람

牛 소

止める 멈추다, 세우다

人里 마을

交差 교차

店 가게

売る 팔다

人間 인간

一万円 만 엔

肉 고기

買う 사다

船 배

西 서쪽

方角 방위, 방향

親子 어버이와 자식, 부자, 모자

4

地ひびき 진동으로 지면이
　　　　울리는 소리

汽車 기차

線路 선로

本当 사실, 진짜

同じ 같음, 동일함

何日 며칠

新しい 새롭다

TIP 일본의 가족 · 친족 호칭

おじいさん (祖父 そふ) 할아버지(조부)

おばあさん (祖母 そぼ) 할머니(조모)

夫婦 ふうふ 부부

お父 とう さん (父 ちち) 아버지(아빠)

お母 かあ さん (母 はは) 어머니(엄마)

夫 おっと ・主人 しゅじん 남편

妻 つま ・家内 かない 처, 아내

息子 むすこ 아들

娘 むすめ 딸

兄弟 きょうだい 형제

姉妹 しまい 자매

お兄 にい さん・兄 あに 형, 오빠

兄嫁 あによめ 형수

お姉 ねえ さん・姉 あね 누나, 언니

弟 おとうと 남동생

妹 いもうと 여동생

舅 しゅうと 시아버지

姑 しゅうとめ 시어머니

婿 むこ 사위

嫁 よめ 며느리

親戚 しんせき ・親類 しんるい 친척

外祖父 がいそふ 외조부

外祖母 がいそぼ 외조모

妻 つま の父 ちち 장인

妻 つま の母 はは 장모

叔父・伯父 おじ 숙부·백부

叔母・伯母 おば 숙모·백모

父 ちち の姉 あね 고모

母 はは の兄 あに 외삼촌

母 はは の姉 あね 이모

甥 おい 남자조카

姪 めい 여자조카, 조카딸

いとこ 사촌

義理 ぎり の兄 あに 매형, 형부

義理 ぎり の弟 おとうと 매제

義理 ぎり の姉 あね 손위 올케

義理 ぎり の妹 いもうと 손아래 올케

家内 かない の兄 あに 손위 처남

家内 かない の弟 おとうと 손아래 처남

家内 かない の妹 いもうと 처제

3학년

한자 200자

あく ま　　　しま
悪魔の島

악마의 섬

第一章　地なし村のなぞ

　これは今から七十年も昔、昭和のはじめのころのお話です。

　本州のずっと北の山おくに、地なし村というさびしい村がありました。

　その村の人たちは、とてもまずしくて、苦しいくらしをしていました。そのため、みんなつぎはぎだらけの服を着て、ひどい身なりをしていました。

　それというのも、この村の中央には、大きな湖があり、農業をする土地がたりなかったのです。

　食べ物にこまった村人たちは、魚をとろうとしましたが、どういうわけか、この湖には、一ぴきの魚もいませんでした。

　ある日、このまずしいくらしに追い打ちをかけるような出来事が起こりました。

　村のごさくのうちでかっていた羊がとつぜん消えてしまったのです。さらに、それから一か月後、ごんべえのうちの羊も消えました。しばらくして、その横のそうすけのうちの羊も消えました。

第 だい 제
章 しょう 장
昔 むかし 옛날
昭和 しょうわ 쇼와

本州 ほんしゅう 혼슈
苦 くるしい 고통스럽다, 난처하다,
　힘겹다
服 ふく 옷

着 きる 입다
身 みなり 옷차림, 몸매
中央 ちゅうおう 중앙
湖 みずうみ 호수

제1장 땅 없는 마을의 수수께끼

이건 지금부터 70년이나 옛날, 쇼와 초기 무렵의 이야기입니다.

혼슈의 훨씬 북쪽의 깊은 산속에 '땅 없는 마을'이라는 쓸쓸한 마을이 있었습니다.

그 마을 사람들은 매우 가난해서 고통스러운 생활을 하고 있었습니다. 그로 인해 모두 누더기 옷을 걸친 채 심한 옷차림을 하고 있었습니다.

그 이유는 이 마을의 중앙에는 큰 호수가 있어 농업을 할 토지가 부족했기 때문입니다.

먹을 것에 곤궁한 마을 사람들은 물고기를 잡으려고 했지만, 어찌된 영문인지 이 호수에는 한 마리의 물고기도 없었습니다.

어느 날 이 가난한 생활을 더욱 몰아치는 사건이 일어났습니다.

마을의 고사쿠 집에서 기르던 양이 갑자기 사라지고 만 것입니다. 게다가 그로부터 1개월 후 곤베 집의 양도 사라졌습니다. 얼마 뒤 그 옆의 소스케 집의 양도 사라졌습니다.

農業 のうぎょう 농업
食 た べ物 もの 먹거리, 음식물
追 おい打 う ち 추격, 몰아붙이다

出来事 できごと 일어난 일, 사건
起 お こる 일어나다, 발생하다
羊 ひつじ 양

消 き える 사라지다
横 よこ 가로

「きっと、山の**動物**にやられたにちがいない。」

「でも、**畑**や**庭**はあらされていないし、**血**が**流**れた様子もないぞ。」

「それに、**羊**の**死**がいがないのはどういうわけだ？」

「せっかく**育**てた大切な羊なのに、いったい**何者**の**仕業**だろう？」

三人は顔を見合わせて考えました。

この村に春三<ruby>春三<rt>はるぞう</rt></ruby>という十五才の少年がいました。

春三<ruby>春三<rt>はるぞう</rt></ruby>のお父さんは、ちょっと前まで、村の**区長**をしたり、県のいろいろな**委員会**の**役員**や**代表**もしたりしていました。

ところが**去年**、とつぜん**急病**でたおれ、町の**病院**へ**運**ばれたのです。うでのよい**医者**のおかげで、**命**は**取**りとめましたが、それからずっと**薬**を**手放**せないくらしとなりました。そのため今では、すべての役をやめてしまったのです。

こんなことがあったせいか、お父さんは、春三<ruby>春三<rt>はるぞう</rt></ruby>を**都会**の**高等学**校へやって、しっかり**勉強**させようと思うようになりました。

春三<ruby>春三<rt>はるぞう</rt></ruby>は、ありがたいと思うと同時に、これが心の**重荷**にもなっていました。というのも、春三<ruby>春三<rt>はるぞう</rt></ruby>は、この村でやりたいことがあったのです。

"분명 산짐승에게 당한 게 틀림없어."

"하지만 밭이나 정원은 훼손되어 있지 않고, 피를 흘린 흔적도 없어."

"게다가 양의 시체가 없는 건 어찌된 영문일까?"

"모처럼 키운 소중한 양인데 도대체 어떤 자의 소행일까?"

셋은 얼굴을 마주보며 생각했습니다.

이 마을에 하루조라는 15세 소년이 있었습니다.

하루조의 아버지는 얼마 전까지 마을의 구청장을 하기도 하고, 현의 여러 위원회의 임원과 대표도 역임하기도 했습니다.

그런데 작년 갑자기 병으로 쓰러져 마을 병원에 실려 갔습니다. 실력 좋은 의사 덕분에 목숨은 건졌습니다만, 그 이후 쭉 약을 달고 사는 생활을 하게 되었습니다. 그로 인해 지금은 모든 역할을 그만두어 버렸습니다.

이런 일이 있었던 탓인지 아버지는 하루조를 도시 고등학교에 보내어 단단히 공부시키려고 마음먹게 되었습니다.

하루조는 고맙다고 생각하는 동시에 이게 마음의 무거운 짐이 되기도 했습니다. 왜냐하면 하루조는 이 마을에서 하고 싶은 일이 있었기 때문입니다.

動物 どうぶつ 동물	区長 くちょう 구청장	命 いのち 목숨, 생명, 수명
畑 はたけ 밭	県 けん 현	取 とりとめる 붙들다, 만류하다
庭 にわ 정원	委員会 いいんかい 위원회	薬 くすり 약
血 ち 피	役員 やくいん 간부, 임원	手放 てばなす 손에서 놓다, 처분하다
流 ながれる 흐르다, 흘러가다	代表 だいひょう 대표	都会 とかい 도회, 도시
様子 ようす 상황, 형편	去年 きょねん 작년	高等学校 こうとうがっこう 고등학교
死 しがい 시체, 송장	急病 きゅうびょう 급환(急患)	勉強 べんきょう 공부
育 そだてる 기르다, 양성하다	病院 びょういん 병원	重荷 おもに 무거운 짐
何者 なにもの 어떤 사람, 누구	運 はこぶ 나르다, 운반하다	
仕業 しわざ 소행, 짓	医者 いしゃ 의사	

それは、村の湖を調べることでした。春三が湖を調べてみたいと思うようになったわけは二つあります。一つは、魚が一ぴきもいない湖なんてふつうではないと思っていたからです。もう一つは、この湖の真ん中に大きな島があり、この島は、〈悪魔の島〉とよばれていたからです。村人は、この島にだれ一人近づこうとしませんでした。春三は、羊が次から次に消えていくわけもこの島を調べればわかるはずだと考えていたのです。

　ある日のこと、春三は、お父さんにたずねてみました。

　「お父さん、あの島はなぜ〈悪魔の島〉とよばれるようになったのですか？　これまでにあの島に行った人はいないのですか？」

　「なぜそんなことを聞くんだ。」

　「ぼくは、あの島を調べてみたいと思っています。」

　「ばかなことを言うな。そんなことをしたら、みんなが不幸になってしまう。」

　「なぜ、みんなが不幸になるのですか？　どんな理由があるのですか？」

　春三が問いつめると、お父さんはようやく、重い口を開きました。そしてこんな話を始めたのです。

그건 마을의 호수를 조사하는 일이었습니다. 하루조가 호수를 조사해 보고 싶다고 생각하게 된 이유는 두 가지가 있습니다. 첫째는 물고기가 한 마리도 없는 호수 따위는 정상이 아니라고 생각했기 때문입니다. 또 하나는 이 호수의 한 가운데에 큰 섬이 있고, 이 섬은 〈악마의 섬〉이라고 불렸기 때문입니다. 마을 사람들은 이 섬에 누구 하나 다가가려 하지 않았습니다. 하루조는 양이 잇달아 사라져 가는 이유도 이 섬을 조사하면 알 수 있을 거라 생각하고 있었던 것입니다.

어느 날 하루조는 아버지에게 물어봤습니다.

"아버지, 이 섬은 왜 〈악마의 섬〉이라고 불리게 되었나요? 지금까지 저 섬에 간 사람은 없나요?"

"왜 그런 걸 묻는 거니?"

"전, 그 섬을 조사해 보고 싶어요."

"바보 같은 말을 하지 말거라. 그런 짓을 하면 모두 불행지고 말아."

"왜, 모두 불행해지는 건가요? 어떤 이유가 있나요."

하루조가 캐묻자, 아버지는 간신히 무거운 입을 열었습니다. 그리고 이런 말을 시작한 것입니다.

調しらべる 조사하다	次つぎ 다음	重おもい 무겁다
真まん中なか 한가운데	不幸ふこう 불행	開ひらく 열리다. 열다. 펴다
島しま 섬	理由りゆう 이유	始はじめる 시작하다
悪魔あくま 악마	問とう 질문하다. 추궁하다	

「あの島には悪魔が住んでいる。実は、お父さんが子どものころ、島へ行った人が一人だけいた。でも、その人は、島からもどってすぐに死んでしまった。島で何があったか一言も言わなかったそうだ。それから、家族みんなが原因不明の病気になってしまった。こんなことがあってから、あの島は、〈悪魔の島〉とよばれるようになったのだ。だから、島へはぜったいに近づいてはいけない。いいな。」

　お父さんは、こう言って、深いため息をつきました。

第二章　春三の挑戦

　春三は、お父さんのこの話を聞いて、せすじが寒くなりました。しかし、あの島へ行ってみたいという思いはますます強くなりました。

　その夜、春三は、お父さんからもらった一さつの童話の本を箱の中から取り出しました。それはお父さんが旅行で京都へ行った時、とまった旅館で買ってきてくれた本でした。『太平洋の島』という題名のついたその本は、島の港をぶたいにしたお話でした。

　春三は、その本を読みながら、湖の中の島の様子をいろいろと想像しました。そしてどんなきけんがあるかを予想してみました。

"저 섬에는 악마가 살고 있어. 실은 아버지가 어렸을 때 섬에 간 사람이 딱 한 명 있었어. 하지만 그 사람은 섬에서 돌아와 바로 죽고 말았어. 섬에서 무슨 일이 있었는지 한 마디도 말하지 않았다고 해. 그리고 가족 모두가 원인불명의 병에 걸리고 말았지. 이런 일이 있고 나서, 저 섬은 〈악마의 섬〉이라고 불리게 된 거야. 그래서 섬에는 절대로 가까이 가선 안 돼. 알겠니."

아버지는 이렇게 말하고 깊은 한숨을 쉬었습니다.

제2장 하루조의 도전

하루조는 아버지의 이런 이야기를 듣고 등골이 오싹해졌습니다. 그러나 저 섬에 가보고 싶다고 하는 생각은 점점 강해졌습니다.

그날 밤 하루조는 아버지로부터 받은 한 권의 동화책을 상자 안에서 꺼냈습니다. 그건 아버지가 여행으로 교토에 갔을 때, 묵은 여관에서 사다 준 책이었습니다. 『태평양의 섬』이라는 제목이 붙은 그 책은 섬의 항구를 무대로 삼은 이야기였습니다.

하루조는 그 책을 읽으면서 호수 안의 섬의 모습을 여러모로 상상했습니다. 그리고 어떤 위험이 있을지를 예상해봤습니다.

住 すむ 살다. 거주하다	**寒** さむい 춥다. 오싹하다	**太平洋** たいへいよう 태평양
実 じつは 실은. 사실은	**童話** どうわ 동화	**題名** だいめい 제목
家族 かぞく 가족	**箱** はこ 상자	**港** みなと 항구
病気 びょうき 병	**旅行** りょこう 여행	**想像** そうぞう 상상
深 ふかい 깊다	**京都** きょうと 교토	**予想** よそう 예상
息 いき 숨	**旅館** りょかん 여관	

よく朝、春三（はるぞう）は、いつもより早く**起きて**、台所にあったお皿の豆をつまみながら、**島へわたる方法**（ほうほう）を考えました。

　島まではかなりのきょりがあります。とても**泳**いで行けそうにはありません。「あそこまで行くには、いかだを作るしかない。でも、水の**流**れはないし**波**もない。いかだを作ったとしても、**島**までたどり**着**けるだろうか。」春三（はるぞう）は、心の中でつぶやきました。

　でも、いくら考えても、**他**によい方法はなさそうです。

　「よし、とにかくいかだを作ってみよう。」こう**決心**した春三（はるぞう）は、まず、**使えそうな柱や板**を倉庫（そう）から出してきました。それから山に**登**って、**落**ちている木のえだを**拾**い集めました。

　次にひつような道具を**整**えるために、のこぎりとなたを一丁ずつ出してきました。そして手の**皮**が真っ赤になるまで**歯**をといで、**油**をぬっておきました。

　それから、まだどんなものがひつようかを考えました。

　「まず、いかだを組むためのなわがいる。それに、じょうぶなひももあった方がいい。あっ、それから、**劇薬**（げき）を買っておこう。何かにおそわれるようなことがあったら、**身**を**守**るために、相手に大やけどを**負**わせることのできる**物**を**持**っていた方がいい。そうそう、**助**けをよぶための**笛**も**持**っている方がいいな。」

　春三（はるぞう）は、一人でぶつぶつ言いながら、ひつような**物**を筆で手帳に書きこんで**表**にしていきました。

다음날 아침, 하루조는 여느 때보다 일찍 일어나 부엌에 있던 접시에 담겨진 콩을 집으면서 섬에 건너갈 방법을 생각했습니다.

섬까진 상당한 거리가 있습니다. 도저히 헤엄쳐 가지 못할 것 같습니다. "저기까지 가기 위해선 뗏목을 만들 수밖에 없어. 하지만 물의 흐름도 없고 물살도 없어. 뗏목을 만들었다고 해도 섬까지 도착할 수 있을까?" 하루조는 마음속으로 중얼거렸습니다.

하지만 아무리 생각해 봐도 달리 좋은 방법은 없을 것 같습니다.

"좋아, 어쨌든 뗏목을 만들어 보자." 이렇게 결심한 하루조는 우선 사용할 수 있을 법한 기둥과 판자를 창고에서 꺼내 왔습니다. 그리고 산에 올라가 떨어져 있는 나뭇가지를 주워 모았습니다.

다음에 필요한 도구를 갖추기 위해 톱과 손도끼를 한 자루씩 꺼내왔습니다. 그리고 손껍질이 시뻘겋게 될 때까지 날을 갈아 기름을 발라 두었습니다.

그리고 또 어떤 것이 필요한지를 생각했습니다.

"우선, 뗏목을 묶기 위한 밧줄이 필요해. 게다가 튼튼한 끈도 있는 게 좋아. 아 참, 그리고 극약을 사 두자. 무언가에 습격을 받는 일이 있으면, 몸을 지키기 위해 상대방에게 큰 화상을 입힐 수 있는 걸 가지고 있는 게 좋겠어. 그래 맞아, 도움을 청하기 위한 호루라기도 가지고 있는 게 좋겠어."

하루조는 혼자서 중얼중얼거리면서 필요한 것을 펜으로 수첩에 적어 표로 만들어 갔습니다.

台所 だいどころ 부엌, 주방
皿 さら 접시
豆 まめ 콩
泳 およぐ 헤엄치다
波 なみ 물결, 파도
着 つく 도착하다, 있다
他 ほか ~밖에, ~외에 〈뒤에 부정어〉
決心 けっしん 결심
使 つかう 사용하다, 조종하다
柱 はしら 기둥, 일의 중요 부분
板 いた 판자

倉庫 そうこ 창고
登 のぼる 오르다, 올라가다
落 おちる 떨어지다, (눈비가) 내리다
拾 ひろう 줍다, 습득하다
集 あつめる 모으다
道具 どうぐ 도구
整 ととのえる 가다듬다, 조절하다
一丁 いっちょう (요리술 등) 1인분
皮 かわ 가죽, 껍질
歯 は 이, 톱니
油 あぶら 기름

劇薬 げきやく 극약
守 まもる 지키다
相手 あいて 상대
負 おわせる 지게 하다
持 もつ 지속하다, (손에) 들다
助 たすける 구하다, 돕다
笛 ふえ 피리
筆 ふで 붓, 펜
手帳 てちょう 수첩
表 ひょう 표

こんなふうにして、毎日毎日、島へ出発するじゅんびを進めたり、島へわたる方法を研究したりしたのです。

そんなある日、春三がいかだを作っている所へ、友だちの金太がたずねてきました。これまでよくいっしょに遊んでいたのに、このごろ全く遊ばなくなったため、病気でもしているのではないかと心配してやって来たのです。

春三は、自分が考えていることを金太に話して、意見を聞いてみることにしました。春三の話が全部終わらないうちに、金太は、パチンと指を鳴らして言いました。

「おもしろい！ おれも手つだうよ。いっしょにやろう！」

「えっ！ 本当か金太君。君もやってくれるか！」

春三は、声を強めて言いました。心強い味方ができたことがとてもうれしかったのです。

二人は、夕方まで話し合いました。あたりが暗くなると、豆電球をたよりに、二階の屋根うら部屋へ行きました。そして炭をおこして両手を温めながら、相談しました。

気がつくとだいぶおそくなっていました。それで二人は、今後の予定とそれぞれの係を決めてわかれることにしました。

金太をとちゅうまで送りながら、春三は言いました。

이런 식으로 해서 매일매일 섬으로 출발할 준비를 진행하거나, 섬에 건너갈 방법을 연구하거나 했던 것입니다.

그런 어느 날, 하루조가 뗏목을 만들고 있는 곳에 친구인 긴타가 찾아 왔습니다. 지금까지 곧잘 함께 놀았었는데, 요즘 전혀 놀지 못하게 되었기에 아픈 건 아닐까라고 걱정되어 찾아 왔던 것입니다.

하루조는 자기가 생각하고 있는 걸 긴타에게 얘기하고 의견을 물어보기로 했습니다. 하루조의 얘기가 전부 끝나기 전에 긴타는 딱하고 손가락을 치면서 말했습니다.

"흥미롭군! 나도 도와줄게. 함께 하자!"

"엣! 정말이니 긴타군. 너도 도와 줄거니!"

하루조는 언성을 높여 말했습니다. 마음 든든한 아군이 생긴 게 매우 기뻤던 것입니다.

둘은 해질녘까지 얘기를 했습니다. 주위가 어두워지자 꼬마전구를 의지 삼아 2층 다락방에 갔습니다. 그리고 숯불을 지펴 양손을 녹이면서 의논했습니다.

정신을 차려보니 상당히 늦은 시간이 되어 있었습니다. 그래서 둘은 앞으로의 예정과 각각 담당을 정하고 헤어지기로 했습니다.

긴타를 도중까지 배웅하면서 하루조는 말했습니다.

出発 しゅっぱつ 출발
進 すすめる 전진(진행)시키다
研究 けんきゅう 연구
所 ところ 장소
遊 あそぶ 놀다
全 まったく 전혀
心配 しんぱい 근심, 걱정
意見 いけん 의견
全部 ぜんぶ 전부
終 おわる 끝나다, 끝내다

指 ゆび 손가락, 발가락
○○君 くん ○○군
君 きみ 자네, 그대
味方 みかた 자기편, 편듦
暗 くらい 어둡다
豆電球 まめでんきゅう 꼬마전구
二階 にかい 2층
屋根 やね 지붕
部屋 へや 방
炭 すみ 숯, 목탄

両手 りょうて 양손
温 あたためる 따뜻하게 하다, 데우다
相談 そうだん 상담, 의논
予定 よてい 예정
係 かかり 담당, 담당 직원
決 きめる 정하다, 결정하다
送 おくる (물건을) 부치다, (사람을) 보내다

「おれは、ひつような**品物**をもう**一度**考えてみる。**君**は、いかだを作ることといかだに**乗**って**練習**する計画を立ててくれないか。」

「よし、わかった。そうしよう。」

こんな話をしながら、二人は、**坂**の上の**曲**がり角まで歩きました。そこで春三（はるぞう）は、金太（きんた）に**礼**を言って、予定を**写**した紙切れをわたしてわかれました。

それからしばらくしたある日、春三（はるぞう）は、金太（きんた）をさそって、町へ買い**物**に行くことにしました。

二人は、**駅**まで自転車で行きました。二人ともわくわくしているせいか、ペダルが**軽**く、長いきょりが、今日はとても**短**く**感**じられました。

二人は、**駅**に自転車をおいて、少し**待**ってから**列車**に乗りました。**乗客**はまばらでした。二人とも**旅**にでも出るような気分で、**列**車のまどから、**変化**（へんか）するけしきをながめていました。

山は**緑**と赤や黄色にそまった**葉**がまざり合って、秋の**陽**にかがやいていました。その紅葉（こう）のなかに、**秋祭**りののぼりやお宮の鳥居（とりい）◆がちらちらと見えました。

"난 필요한 물건을 다시 한 번 생각해 볼게. 넌 뗏목을 만드는 일과 뗏목을 타고 연습할 계획을 세워주지 않을래."

"좋아, 알았어. 그렇게 하자."

이런 얘기를 하면서 둘은 언덕 위의 길모퉁이까지 걸어갔습니다. 거기서 하루조는 긴타에게 고맙다는 인사를 하고 예정을 적은 쪽지를 건네주며 헤어졌습니다.

그리고 얼마 지난 어느 날, 하루조는 긴타를 꼬드겨 마을에 물건을 사러 가기로 했습니다.

둘은 역까지 자전거로 갔습니다. 둘 모두 두근거리는 탓인지 페달이 가볍고, 긴 거리가 오늘은 매우 짧게 느껴졌습니다.

둘은 역에 자전거를 두고 조금 기다린 뒤 열차를 탔습니다. 승객은 드문드문 했습니다. 둘 다 여행이라도 가는 듯한 기분으로 열차 창문으로 변화하는 경치를 바라보고 있었습니다.

산은 녹색과 빨강, 황금색으로 물든 잎이 서로 섞여 가을 햇살에 빛나고 있었습니다. 그 단풍 속에 추수감사제 깃발이나 신사의 도리이(鳥居)*가 어른어른 보였습니다.

◆ 鳥居 とりい 신사 입구에 세운 두 기둥의 문

短 みじかい 짧다	旅 たび 여행	紅葉 こうよう 단풍
感 かんじる 느끼다, 감동하다	変化 へんか 변화	秋祭 あきまつり 추수감사제
待 まつ 기다리다	緑 みどり 녹색	お宮 みや 신사
列車 れっしゃ 열차	葉 は 잎, 잎사귀	
乗客 じょうきゃく 승객	陽 ひ 해, 햇빛	

列車が鉄橋をわたる時、水面に紅葉がうつり、その美しさは二倍になりました。春三は、いつか本で読んだ秋をうたった詩を思い出していました。

　町へ着くと、二人は、いろいろな商店をまわってみました。そして手帳を見ながら、ひつような品物を買っていきました。さい後に薬局へ行き、注文していた薬品をもらって帰りました。それはものをとかしてしまう劇薬でした。

第三章　恐怖の島

　いよいよ島へ出発する日が来ました。二人は、まだ暗いうちに、村の神社に集合しました。そして、本殿に酒をそなえて、安全に島へわたれるように、また、無事に帰って来られるようにおねがいしました。

　「金太君、ありがとう。君のおかげで、短い期間でじゅんびをすることができた。」

　「いや、おれの方こそ、とても楽しかったよ。」

　こう言うと金太は、〈幸福号〉と漢字で書いた紙を取り出しました。

　「おれは、きのう一日考えたんだが、いかだの名前を〈幸福号〉にしてはどうかと思うんだ。」

열차가 철교를 건널 때, 수면에 단풍이 비쳐 그 아름다움은 배가 되었습니다. 하루조는 언젠가 책에서 읽은 가을을 읊은 시를 떠올리고 있었습니다.

마을에 도착하자 둘은 여러 상점을 돌아봤습니다. 그리고 수첩을 보면서 필요한 물건을 샀습니다. 마지막에 약국에 들러 주문했던 약품을 받아 돌아왔습니다. 그것은 물건을 녹여 버리는 극약이었습니다.

제3장 공포의 섬

드디어 섬으로 출발할 날이 왔습니다. 둘은 아직 어두울 때에 마을 신사에 집합했습니다. 그리고 본전에 술을 올리고 안전하게 섬에 건널 수 있도록, 또한 무사히 돌아올 수 있도록 기원했습니다.

"긴타군 고마워. 네 덕분에 짧은 기간에 준비를 할 수 있었어."

"아냐, 나야말로 매우 즐거웠어."

이렇게 말하며 긴타는 〈행복호〉라고 한자로 쓴 종이를 꺼냈습니다.

"나 말야, 어제 하루 생각해봤는데 뗏목의 이름을 〈행복호〉로 하는 게 어떨까라고 생각해."

鉄橋 てっきょう 철교　　薬局 やっきょく 약국　　安全 あんぜん 안전
水面 すいめん 수면　　注文 ちゅうもん 주문　　無事 ぶじ 무사
美 うつくしさ 아름다움　　薬品 やくひん 약품　　期間 きかん 기간
二倍 にばい 두 배　　神社 じんじゃ 신사　　幸福 こうふく 행복
詩 し 시　　集合 しゅうごう 집합　　号 ごう 호
商店 しょうてん 상점　　酒 さけ 술　　漢字 かんじ 한자

「それはいい。この村を幸福にするいかだということだな。」

「うん。そうだ。」

「いい名前だ。ありがとう。」

それから二人は、お酒の代わりにお湯を一ぱいちゃわんに入れて飲み、幸運をいのりました。

やがて朝日が湖をてらし出したころ、二人は、島へ向けていかだをこぎ出しました。練習のかいあって、いかだはだんだん速さをましていきました。

「これなら、思ったより早く着けそうだな。」

「うん。昼までに島に上がれそうだ。」

反対がわでこいでいた金太（きんた）の声もはずんでいました。

この時、二人を待ち受けているものがどんなにおそろしいものかとも知らずに、春三（はるぞう）と金太（きんた）は島へと急いだのです。

秋の太陽がまぶしくかがやき、暑く感じられるほどになったころ、岸が見えてきました。やがて、島のけしきもはっきり見えるようになりました。

「とうとう、着いたぞ！」

春三（はるぞう）が大声で言いました。

代（か）わり 대리, 대신　　向（む）ける 향하게 하다, 기울이다　　急（いそ）ぐ 서두르다
湯（ゆ）끓인 물, 목욕물　　速（はや）さ 속도　　太陽（たいよう） 태양
飲（の）む 마시다, 술을 마시다　　反対（はんたい） 반대　　暑（あつ）い 덥다
幸運（こううん） 행운　　待（ま）ち受（う）ける 오기를 기다리다

"그거 좋은데. 이 마을을 행복하게 하는 뗏목이라는 뜻 맞지."

"응, 맞아."

"좋은 이름이다. 고마워."

그리고 둘은 술 대신에 따뜻한 물을 한 잔 찻잔에 넣어 마시고, 행운을 빌었습니다.

얼마 안 있어 아침 햇살이 호수를 비췄을 무렵, 둘은 섬을 향해 뗏목을 젓기 시작했습니다. 연습한 보람이 있어 뗏목은 점점 속도를 더해 갔습니다.

"이 상태라면 생각보다 빨리 도착할 수 있을 것 같은데."

"응, 점심까지 섬에 도착할 수 있을 것 같애."

반대쪽에서 노를 젓던 긴타의 목소리도 들떠 있었습니다.

이 때, 둘을 기다리고 있는 게 얼마나 무서운 녀석인지 모르고 하루조와 긴타는 섬으로 서둘렀던 것입니다.

가을 태양이 눈부시게 빛나고, 덥게 느껴질 정도가 되었을 무렵, 물가가 보였습니다. 곧, 섬의 경치도 또렷이 보이게 되었습니다.

"드디어, 도착했어!"

하루조가 큰 소리로 말했습니다.

二人は、〈幸福号〉を岸に引き上げ、おそるおそる島へ上がっていきました。なんだか別世界に来たような気がしてきました。はえている植物も見なれないものばかりです。

「どこにも道はない。」

　金太が言いました。

「うん。やはり、だれも住んでいないようだ。」

　今度は、春三が言いました。しばらくして、金太が大声で言いました。

「おい、これは水路じゃないか。」

　二人は、この水路にそって森へ入ってみることにしました。森の中は、水路が何列にもなって流れていました。

　どれくらい進んだのでしょうか。とつぜん、目の前に大きな黒い山があらわれました。

「何だあれは？」

　金太が声をおしころして言いました。よく見ると、木のえだで作った山でした。

「あの中に何かいるにちがいない。」

　春三が言いました。金太もうなづきました。

　もう引き返すことはできません。二人は、木かげにかくれて、その山を見はることにしました。

둘은 〈행복호〉를 물가로 끌어올리고 조심조심 섬으로 올라갔습니다. 왠지 다른 세계에 온 듯한 느낌이 들었습니다. 자라고 있는 식물도 못 보던 것뿐입니다.

"아무데도 길은 없어."

긴티가 말했습니다.

"응, 역시, 아무도 살지 않는 것 같애."

이번엔 하루조가 말했습니다. 잠시 후 긴타가 큰 소리로 말했습니다.

"이봐, 이건 물길이 아니니?"

둘은 이 물길을 따라 숲으로 들어가 보기로 했습니다. 숲속은 물길이 여러 갈래로 흐르고 있었습니다.

어느 정도 걸었던 걸까요? 갑자기 눈앞에 큰 검은 산이 나타났습니다.

"저건 뭐지?"

긴타가 소리를 죽이며 말했습니다. 자세히 보니 나뭇가지로 만든 산이었습니다.

"저 안에 뭔가 있는 게 틀림없어."

하루조가 말했습니다. 긴타도 고개를 끄떡였습니다.

이제 되돌아갈 수는 없습니다. 둘은 나무 밑에 숨어 그 산을 망보기로 했습니다.

岸 きし 물가, 낭떠러지　　　今度 こんど 이번　　　返 かえ す 돌려주다, 되돌리다
世界 せかい 세계　　　水路 すいろ 수로, 물길
植物 しょくぶつ 식물　　　列 れつ 열

やがて日は落ち、あたりは暗くなりました。二人は、そこで野宿するしかありませんでした。二人とも、昼のつかれですぐにねむってしまいました。

夜明けが近くなったころ、さわがしい声で春三は目をさましました。

「おい、起きろ。だれかいるぞ。」

春三が金太を起こしました。

「わあ、だれだ！」

金太が悲鳴をあげました。

まだ真っ暗で何も見えません。ただ、話し声だけが聞こえています。へんなにおいもしてきました。

「わあ、助けてくれ！」

とつぜん、金太がさけびました。鼻に氷のようにつめたいものがさわったのです。

そのうち、ぼんやりとあたりが見えてきました。

その時、二人の目にしんじられないようなものがうつりました。二人を取りまいていたのは何十ぴきものカッパ•だったのです。二人は、ゆめを見ているのではないかと思いました。でも、ゆめではありません。この島の主はカッパだったのです。そして、目の前の黒い山は、カッパの住みかだったのです。

곧 해는 저물고 주변은 어두워졌습니다. 둘은 거기서 노숙할 수밖에 없었습니다. 둘 다 낮의 피로로 금방 잠들고 말았습니다.

새벽이 가까워졌을 무렵, 소란스런 소리로 하루조는 잠을 깼습니다.

"이봐, 일어나. 누군가 있어."

하루조가 긴타를 깨웠습니다.

"와, 누구야!"

긴타가 비명을 질렀습니다.

아직 캄캄해서 아무것도 보이지 않습니다. 다만, 목소리만이 들리고 있습니다. 이상한 냄새도 나기 시작했습니다.

"와, 살려줘!"

갑자기 긴타가 외쳤습니다. 코에 얼음처럼 차가운 것이 닿던 것입니다.

멀지 않아, 어렴풋이 주위가 보이기 시작했습니다.

그 때 둘의 눈에 믿기지 않는 듯한 것이 비쳤습니다. 둘을 둘러싸고 있던 건 몇 십 마리나 되는 캅파(河童)*였던 것입니다. 둘은 꿈을 꾸고 있는 건 아닐까라고 생각했습니다. 하지만 꿈이 아닙니다. 이 섬의 주인은 캅파였던 것입니다. 그리고 눈앞의 검은 산은 캅파의 소굴이었던 것입니다.

◆ 河童 かっぱ 일본의 상상의 물밑 동물

| 野宿 のじゅく 노숙 | 真っ暗 まっくら 아주 캄캄함 | 氷 こおり 얼음 |
| 悲鳴 ひめい 비명 | 鼻 はな 코 | 主 ぬし 주인 |

その時、一ぴきのカッパが言いました。

「何しにこの島へ来た？」

「人間の言葉をしゃべれるのか。」と春三は思いました。

「この湖にはなぜ魚がいないのか、村の羊はどうなったのかをさぐりに来たんだ。」

「この森のおくに、島の守り神がいる。その神にそなえるために魚はみんなおれたちがとった。」

「じゃあ羊はどうした？」

「魚がたりなくなったから、今度は羊をそなえたのだ。」

「村の羊がみんないなくなったらどうするつもりだ？」
金太がたずねました。

「お前たちをそなえるのさ。」

カッパは言って、いきなり二人をおさえつけました。

「おい、やめろ！」
春三も金太も力いっぱいていこうしましたが、むだでした。

「金太君、申しわけない。おれがさそったばっかりに、こんなことになってしまった。ゆるしてくれ。」

「何を言うんだ。おれの方からいっしょにやりたいって言ったんだ。お前があやまることはない。」

金太は、春三をなぐさめるように言いました。

그 때, 한 마리의 칸파가 말했습니다.

"뭘 하러 이 섬에 왔지?"

'사람이 쓰는 말을 할 수 있는 걸까.'라고 하루조는 생각했습니다.

"이 호수에는 왜 물고기가 없는지, 마을의 양은 어떻게 되었는지를 살피러 왔어."

"이 숲 안에 섬의 수호신이 있어. 그 신에게 바치기 위해 물고기는 모두 우리들이 잡았어."

"그럼, 양은 어떻게 했지?"

"물고기가 부족해져 이번엔 양을 바쳤어."

"마을의 양이 모두 없어지면 어떻게 할 생각이지?"

긴타가 물었습니다.

"너희들을 바칠 거야."

칸파는 말하며 갑자기 둘을 꽉 눌렀습니다.

"이봐, 그만둬!"

하루조도 긴타도 힘껏 저항했습니다만, 소용없었습니다.

"긴타군, 미안해. 내가 꼬드기는 바람에 이렇게 되고 말았어. 용서해 줘."

"무슨 말을 하는 거야. 내 쪽에서 함께 하고 싶다고 말했어. 네가 사과할 필요는 없어."

긴타는 하루조를 위로하듯이 말했습니다.

言葉 ことば 말   守 まもり 神 がみ 수호신   申 もうす 말하다, 아뢰다

その時、水路の水が大きく**波立**ちました。そして、二人の目の前に大蛇が大きな口をあけてせまって来たのです。二十メートルをこえるような大蛇です。

　「**神様**！　この二人をどうぞめしあがりください！」

　一ぴきのカッパがさけびました。

　大蛇が、**銀色**のはらを見せて、二人におそいかかろうとしたその時、春三は、ポケットから**取り出した劇薬**を大蛇の口の中へ**投**げこみました。

「ギャー、ゴー！」

というものすごいさけび声とともに、大蛇は体をくねらせて苦しみ、そのまま水路へ**消**えていきました。同時に、**島全体**がぐらぐらとゆれました。

　地震です。それも**最大級**の大地震が**起**きたのです。**次の瞬間**、**湖の底**がわれ、水はそのわれ目にすいこまれていきました。

神様 かみさま 신령, 하느님, 도사　　　**投** なげる 던지다, 내던지다　　　**級** きゅう 급, 등급, 계급
銀色 ぎんいろ 은색, 은빛　　　**全体** ぜんたい 전체

그 때, 물길의 물이 크게 물결쳤습니다. 그리고 둘의 눈앞에 구렁이가 커다란 입을 벌리고 다가왔습니다. 20미터를 넘는 듯한 구렁이입니다.

"신이시여! 이 둘을 부디 드셔 주옵소서."

한 마리의 캅파가 외쳤습니다.

구렁이가 은빛 배를 드러내며 둘에게 덤벼들려고 했을 그 때, 하루조는 주머니에서 꺼낸 극약을 구렁이 입 안에 던졌습니다.

"캬-, 크아아-!"

라고 하는 굉장한 소리와 함께 구렁이는 몸을 요동치며 고통스러워하며, 그대로 물 속으로 사라져 갔습니다. 동시에 섬 전체가 흔들흔들 흔들렸습니다.

지진입니다. 그것도 최대급의 대지진이 일어났던 것입니다. 다음 순간 호수의 바닥이 갈라져 물은 그 갈라진 틈으로 빨려 들어 갔습니다.

ゆれがおさまった時、**島**には二人しかいませんでした。大蛇も
カッパもみんな水といっしょに**消え**てしまったのです。

　二人は、水がなくなった**湖**の底を歩いて村へ**向か**いました。

「春三君、よく、あの劇薬のことを思い出したものだな。」

「うん、もう一秒でもおそかったら、今ごろおれたちは、大蛇
のはらの中だ。本当にきせきだなあ。」

「お前は**悪魔**と**対決**して**勝**ったんだ。」

「いや、おれが**勝**ったんじゃない。おれたちが**勝**ったんだよ。」

　春三は、わらいながら言いました。

　二人は、春三のお父さんと村人たちに、**心配**かけたことをあや
まり、**島**で見たことをみんな話しました。

　村人たちは、水がなくなった**湖**を**畑**にして、**作物**をたくさん作
るようになりました。

　一年後には、みんなで**相談**して、村の名前を〈地なし村〉から
〈地**有**り村〉とかえることにしました。そしてこの新しい村の名
前をいわう**式**を盛大におこなったということです。

흔들림이 가라앉았을 때 섬에는 둘밖에 없었습니다. 구렁이도 캅파도 모두 물과 함께 사라져버린 것입니다.

둘은 물이 없어진 호수의 바닥을 걸어서 마을로 향했습니다.

"하루조군, 용케 그 극약을 생각해냈군."

"응, 1초라도 늦었다면 지금쯤 우리들은 구렁이 뱃속에 있을 거야. 정말로 기적이야."

"넌 악마와 대결해서 이겼어."

"아니야, 내가 이긴 게 아니야. 우리들이 이긴 거야."

하루조는 웃으면서 말했습니다.

둘은 하루조의 아버지와 마을 사람들에게 걱정 끼친 것을 사과하고 섬에서 본 것을 모두 이야기했습니다.

마을 사람들은 물이 없어진 호수를 밭으로 일구어 작물을 많이 짓게 되었습니다.

1년 후에는 모두가 의논해서 마을 이름을 〈땅 없는 마을〉에서 〈땅 있는 마을〉이라고 바꾸기로 했습니다. 그리고 이 새로운 마을의 이름을 축하하는 식을 성대하게 거행했다는 것입니다.

一秒 いちびょう 1초
対決 たいけつ 대결

勝 かつ 이기다, 승리하다
作物 さくもつ 작물

有 ある 있다
式 しき 식

3학년 종합신습한자

第 제

章 장

昔 옛날

昭和 쇼와

本州 혼슈

苦しい 고통스럽다, 힘겹다

服 옷

着る 입다

身なり 옷차림, 몸매

中央 중앙

湖 호수

農業 농업

食べ物 먹거리, 음식물

追い打ち 추격, 몰아붙이다

出来事 일어난 일, 사건

起こる 일어나다, 발생하다

羊 양

消える 사라지다

横 가로

動物 동물

畑 밭

庭 정원

血 피

流れる 흐르다, 흘러가다

様子 상황, 형편

死がい 시체, 송장

育てる 기르다, 양성하다

何者 어떤 사람, 누구

仕業 소행, 짓

区長 구청장

県 현

委員会 위원회

役員 간부, 임원

代表 대표

去年 작년

急病 급환(急患)

病院 병원

運ぶ 나르다, 운반하다

医者 의사

命 목숨, 생명, 수명

取る 취하다, 잡다, 받다

薬 약

手放す 손에서 놓다, 처분하다

都会 도회, 도시

高等学校 고등학교

勉強 공부

重荷 무거운, 짐

調べる 조사하다

真ん中 한가운데

島 섬

悪魔 악마

次 다음

不幸 불행

理由 이유

問う 질문하다, 추궁하다

重い 무겁다

開く 열리다, 열다, 펴다

始める 시작하다

住む 살다, 거주하다

実は 실은, 사실은

家族 가족

病気 병

深い 깊다

息 숨

寒い 춥다, 오싹하다

童話 동화

箱 상자

旅行 여행

京都 교토

旅館 여관

太平洋 태평양

題名 제목

港 항구

想像 상상

予想 예상

台所 부엌, 주방

皿 접시

豆 콩

泳ぐ 헤엄치다

波 물결, 파도

着く 도착하다, 앉다

他 ~밖에, ~외에 〈뒤에 부정어〉

決心 결심

使う 사용하다, 조종하다

柱 기둥, 일의 중요 부분

板 판자

倉庫 창고

登る 오르다, 올라가다

落ちる 떨어지다, 내리다

拾う 줍다, 습득하다

集める 모으다

道具 도구

整える 가다듬다, 조절하다

一丁 (요리·술 등) 1인분

皮 가죽, 껍질

歯 이, 톱니

油 기름

劇薬 극약

守る 지키다

相手 상대

負わせる 지게 하다

持つ 지속하다, (손에) 들다

助ける 구하다, 돕다

笛 피리

筆 붓, 펜

手帳 수첩

表 표

出発 출발

進める 전진(진행)시키다

研究 연구

所 장소

遊ぶ 놀다

全く 전혀

心配 근심, 걱정

意見 의견

全部 전부

終わる 끝나다, 끝내다

指 손가락, 발가락

○○君 ○○군

君 자네, 그대

味方 자기편, 편들

暗い 어둡다

豆電球 꼬마전구

二階 2층

3학년 악마의 섬 종합신습한자 **87**

屋根 (やね) 지붕

部屋 (へや) 방

炭 (すみ) 숯, 목탄

両手 (りょうて) 양손

温める (あたた) 따뜻하게 하다, 데우다

相談 (そうだん) 상담, 의논

予定 (よてい) 예정

係 (かかり) 담당, 담당 직원

決める (き) 정하다, 결정하다

送る (おく) (물건을) 부치다, (사람을) 보내다

品物 (しなもの) 물건, 물품

一度 (いちど) 한 번, 한 차례

乗る (の) (탈것에) 올라타다, (위에) 오르다

練習 (れんしゅう) 연습

坂 (さか) 비탈(길), 고개

曲がり角 (ま, かど) 길모퉁이, 전환점

礼 (れい) 예의, 인사, 사례

写す (うつ) 베끼다, 그리다

駅 (えき) 역

自転車 (じてんしゃ) 자전거

軽い (かる) 가볍다

短い (みじか) 짧다

感じる (かん) 느끼다, 감동하다

待つ (ま) 기다리다

列車 (れっしゃ) 열차

乗客 (じょうきゃく) 승객

旅 (たび) 여행

変化 (へんか) 변화

緑 (みどり) 녹색

葉 (は) 잎, 잎사귀

陽 (ひ) 해, 햇빛

紅葉 (こうよう) 단풍

秋祭り (あきまつ) 추수감사제

お宮 (みや) 신사

鉄橋 (てっきょう) 철교

水面 (すいめん) 수면

美しさ (うつく) 아름다움

二倍 (にばい) 두 배

詩 (し) 시

商店 (しょうてん) 상점

薬局 (やっきょく) 약국

注文 (ちゅうもん) 주문

薬品 (やくひん) 약품

제3장

神社 (じんじゃ) 신사

集合 (しゅうごう) 집합

酒 (さけ) 술

安全 (あんぜん) 안전

無事 (ぶじ) 무사

期間 (きかん) 기간

幸福 (こうふく) 행복

号 (ごう) 호

漢字 (かんじ) 한자

代わり (か) 대리, 대신

湯 (ゆ) 끓인 물, 목욕물

飲む (の) 마시다, 술을 마시다

幸運 (こううん) 행운

向ける (む) 향하게 하다, 기울이다

速さ (はや) 속도

反対 (はんたい) 반대

待ち受ける (ま, う) 오기를 기다리다

急ぐ 서두르다
いそ

野宿 노숙
のじゅく

銀色 은색, 은빛
ぎんいろ

太陽 태양
たいよう

悲鳴 비명
ひめい

投げる 던지다, 내던지다
な

暑い 덥다
あつ

真っ暗 아주 캄캄함
ま くら

全体 전체
ぜんたい

岸 물가, 낭떠러지
きし

鼻 코
はな

級 급, 등급, 계급
きゅう

世界 세계
せ かい

氷 얼음
こおり

一秒 1초
いちびょう

植物 식물
しょくぶつ

主 주인
ぬし

対決 대결
たいけつ

今度 이번
こん ど

言葉 말
こと ば

勝つ 이기다, 승리하다
か

水路 수로, 물길
すい ろ

守り神 수호신
まも がみ

作物 작물
さくもつ

列 열
れつ

申す 말하다, 아뢰다
もう

有る 있다
あ

返す 돌려주다, 되돌리다
かえ

神様 신령, 하느님, 도사
かみさま

式 식
しき

TIP 일본어 계절 · 달 · 요일 읽기

春はる 봄	五月ごがつ 5월	月曜日げつようび 월요일
夏なつ 여름	六月ろくがつ 6월	火曜日かようび 화요일
秋あき 가을	七月しちがつ 7월	水曜日すいようび 수요일
冬ふゆ 겨울	八月はちがつ 8월	木曜日もくようび 목요일
一月いちがつ 1월	九月くがつ 9월	金曜日きんようび 금요일
二月にがつ 2월	十月じゅうがつ 10월	土曜日どようび 토요일
三月さんがつ 3월	十一月じゅういちがつ 11월	日曜日にちようび 일요일
四月しがつ 4월	十二月じゅうにがつ 12월	

4학년

한자 202자

ち きゅう　　　すく

地球を救え

지구를 구출하라

第一章　二十世紀への旅

　二十世紀の末から地球上の**各地**で自然破壊(はかい)が進み、南極にでき
たオゾンホールも広がっていきました。そして、二十一世紀の中
ごろになると、世界中に**戦争**が広がり、**各国**は**競**って新**兵器**を開
発するための実験を行いました。

　そのため、水も空気もよごれ、ついに地球は、大量の**毒**で**満**ち
あふれるまでになりました。気が**付**いた時には、多くの人が**健康**
を**害**し、世界中の人々が次々に死んでいったのです。

　生き**残**った人々は、**最後**の**試**みとして、海の中に**海底**都市を作
りました。そして、今日まで何とか生きのびることができたので
す。

　しかし、その**海底**都市も古くなり、すべての**建物**を**建**てかえな
ければならない時期になっていました。

　その上、太陽も**照**らず、**季節**の**変化**のない**海底**での生活は、
人々から**笑**いをうばい、**労働**意よくを**失**わせました。また、多く
の人は**無気力**になり、**胃**や**腸**を悪くしました。

世紀 せいき 세기	**競** きそう 다투다, 경쟁하다	**付** つく 붙다, 묻다, 생기다
末 すえ 끝, 말	**兵器** へいき 병기, 무기	**健康** けんこう 건강
各地 かくち 각지	**実験** じっけん 실험	**害** がいする 해치다, 방해하다
自然 しぜん 자연	**大量** たいりょう 대량	**残** のこる 남다
南極 なんきょく 남극	**毒** どく 독	**最後** さいご 최후, 마지막
戦争 せんそう 전쟁	**満** みちる 가득 차다, 기한이 차다	**試** こころみ 시도

제1장 20세기에의 여행

20세기 말부터 지구상의 각지에서 자연파괴가 진행되어, 남극에 생긴 오존 구멍도 넓어져 갔습니다. 그리고 21세기 중엽이 되자 전 세계에 전쟁이 확대되어 각국은 앞다투어 신병기를 개발하기 위한 실험을 실시했습니다.

그로 인해 물도 공기도 오염되어 마침내 지구는 대량의 독으로 가득 차기에 이르렀습니다. 정신이 들었을 때에는 많은 사람이 건강을 잃고, 전 세계 사람들이 차례차례로 죽어 갔던 것입니다.

살아남은 사람들은 마지막 시도로서 바다 속에 해저도시를 만들었습니다. 그리고 오늘날까지 어떻게든 살아남을 수 있었던 것입니다.

그러나 그 해저도시도 오래되어 모든 건물을 새로 지어야 하는 시기가 되었습니다.

게다가 태양도 비치지 않고 계절의 변화가 없는 해저에시의 생활은 사람들로부터 웃음을 빼앗고, 노동의욕을 잃게 했습니다. 또 많은 사람들은 무기력해져 위나 장이 나빠졌습니다.

海底 かいてい 해저	季節 きせつ 계절	無気力 むきりょく 무기력
建物 たてもの 건물	変化 へんか 변화	胃 い 위
建 たてる 세우다, 짓다	笑 わらい 웃음	腸 ちょう 장
照 てる 밝게 빛나다. (해달이) 비치다	労働 ろうどう 노동	
	失 うしなう 잃다, 상실하다	

大西博士は、以前から平和を求め、軍隊は不要という考え方を唱えてきました。そして人類を救うために、こつこつと研究を積み重ねてきたのです。

　「ドクター大西、いよいよ完成ですか？」

　助手のケリーがたずねると、最後の点検をしていたドクターは、手を休めて答えました。

　「喜べ！　ケリー君。とうとうやったぞ。改良に改良を重ねてついに完成だ。」

　「とうとうやりましたね、ドクター！　この機械さえあれば、必ず人類は助かります。」

　「これまで、連邦政府は、毎年何兆円、いや何十兆円も軍事費に使い、平和を願う国民の要求には耳をかたむけなかった。」

　ドクターは、残念そうに言いました。

　「でも、ドクターの努力と苦労がついに、この成功に結び付いたのです。そして、人類の未来を切り開いたのです。」

博士 はくし 박사
以前 いぜん 이전
求 もとめる 구하다, 요청하다
軍隊 ぐんたい 군대
不要 ふよう 불필요
唱 となえる 외다, 읊다, 외치다
人類 じんるい 인류
救 すくう 구하다, 돕다
積 つむ 쌓다

完成 かんせい 완성
喜 よろこぶ 기뻐하다, 즐거워하다
改良 かいりょう 개량
機械 きかい 기계
必 かならず 반드시
連邦 れんぽう 연방
政府 せいふ 정부
兆 ちょう 조
軍事費 ぐんじひ 군사비

願 ねがう 바라다, 기원하다
国民 こくみん 국민
要求 ようきゅう 요구
残念 ざんねん 유감
努力 どりょく 노력
苦労 くろう 고생, 수고
成功 せいこう 성공
結 むすび付つく 맺어지다, 결부되다
未来 みらい 미래

　오니시 박사는 이전부터 평화를 요구하며, 군대는 필요 없다고 하는 사고방식을 주장해 왔습니다. 그리고 인류를 구하기 위해 부지런히 연구를 거듭해 왔던 것입니다.

　"오니시 박사님 드디어 완성인가요?"

　조수인 케리가 문자 마지막 점검을 하고 있던 박사는 일하던 손을 잠시 쉬며 대답했습니다.

　"기뻐하게! 케리군. 마침내 해냈어. 개량에 개량을 거듭해 드디어 완성해 냈어."

　"결국 해냈군요. 박사님! 이 기계만 있으면, 반드시 인류는 살아날 거예요."

　"지금까지 연방정부는 매년 몇 조 엔, 아니 몇 십조 엔이나 되는 돈을 군사비에 사용하고도 평화를 원하는 국민의 요구엔 귀를 기울이지 않았어."

　박사는 유감스러운 듯이 말했습니다.

　"하지만, 박사님의 노력과 고생이 마침내 이 성공으로 이어진 거예요. 그리고 인류의 미래를 개척한 셈이에요."

ケリーは、大西氏の両手を固くにぎりしめて言いました。

　「ありがとう。しかし、人類がもう少し早くこのおろかさに気付いていれば、こんなものを作らなくても、何億人もの命が助かったはずだが…。」

　ドクターは、鏡の前で白衣をぬぎながら、静かに言いました。

　「それはドクターのせいではありません。連邦の官僚や大臣が悪いのです。何の反省もなく、目先の利益しか考えない政治家が悪いのです。」

　ケリーは、ドクターを説得するような熱い口調で言いました。

　「わかった、わかった。とにかく、マシーンが完成したんだ。お祝いをしよう。わたしは、シャワーを浴びてくるから、料理の用意をしておいてくれないか。」

　「はい、わかりました、ドクター。」

　ケリーはそう言うと、食堂へ行き、冷蔵庫からソーセージを取り出して塩をふりかけて焼き始めました。それから、倉庫からテーブルを出して、その上にソーセージとワインを置きました。そしてそのわきに一輪のドライフラワーをかざりました。

　その時です。ゴーというごう音と共にテーブルはたおれ、食器も花びんも飛び散って、粉ごなにくだけました。

　「わあ、地しんだ！　ドクター、早く！　早くマシーンを使いましょう。」

케리는 오니시 박사님의 양손을 굳게 쥐며 말했습니다.

"고맙네. 그러나 인류가 좀 더 빨리 이 어리석음을 알아차렸더라면, 이런 것을 만들지 않아도 몇 억 명이나 되는 생명을 구할 수 있었을 텐데……."

박사는 거울 앞에서 흰 가운을 벗으면서 조용히 말했습니다.

"그건 박사님 탓이 아니에요. 연방 관료와 대신이 나쁜 거예요. 아무런 반성도 없이 눈앞의 이익만 생각하는 정치가가 나쁜 거예요."

케리는 박사님을 설득하는 듯한 뜨거운 어조로 말했습니다.

"알겠네. 알겠어. 아무튼 머신을 완성했어. 축하를 함세. 난 샤워를 하고 올 테니까 요리를 준비해 주지 않겠나."

"예, 알겠어요. 박사님."

케리는 그렇게 말한 뒤, 식당에 가서 냉장고에서 소시지를 꺼내 소금을 뿌려 굽기 시작했습니다. 그리고 창고에서 테이블을 꺼낸 다음 소시지와 와인을 놓았습니다. 그리고 그 옆에 말린 꽃 한 송이를 장식했습니다.

그 때입니다. '쿵!' 하는 굉음과 함께 테이블은 쓰러지고, 식기도 꽃병도 튀며 산산조각으로 부서졌습니다.

"우와, 지진이다! 박사님, 빨리! 빨리 머신을 사용합시다."

氏 し 씨 (남자의 성명 아래 붙임)	利益 りえき 이익	塩 しお 소금
固 かたい 단단하다	政治家 せいじか 정치가	焼 やく 태우다, 굽다
億 おく 억	説得 せっとく 설득	倉庫 そうこ 창고
鏡 かがみ 거울	熱 あつい 뜨겁다, 열정적이다	置 おく (물건을) 어디에 두다
白衣 はくい 백의, 흰옷	お祝 いわい 축하, 축의금	一輪 いちりん (꽃) 한 송이
静 しずか 고요함	浴 あびる 끼얹다, 뒤집어쓰다	共 とも 함께
官僚 かんりょう 관료	料理 りょうり 요리	食器 しょっき 식기
大臣 だいじん 내각의 대신, 장관	食堂 しょくどう 식당	飛 とび散 ちる 흩날리다, 튀다
反省 はんせい 반성	冷蔵庫 れいぞうこ 냉장고	粉 こな 가루

ケリーは、よろけながらマシーンの中へ入りました。

　「よし、わかったすぐ行く。」

　身を**低**くして、シャワールームから出てきたドクターは、ゆれがおさまるのを待って、マシーンに乗りこみました。

　「さあ、いよいよこのマシーンを**試**す時が来た。」

　「ドクター。いつの時代へ行くのですか？」

　「百年前だ。」

　「というと、一九六〇年ですね。」

　「そうだ。一九六〇年までもどれば、やり直せる。」

　「つまり、**歴史**を**変**えてしまうのですね。」

　「やってはならないことだが、今となっては仕方がない。」

　二人はこんなことを話しながら、タイムマシーンの**席**に着きました。

　「よし、じゃあ出発だ！」

　ドクターがスイッチをおすと、ボーという音と共に、直**径**二メートルほどの円形の小さなマシーンは、真っ赤な火に**包**まれ、やがて**静**かに消えていきました。

低 ひくい 낮다　　　　　　**変**かえる 바꾸다, 변화시키다　　　　**包**つつむ 싸다, 에워싸다
試 ためす 시험해보다　　　　**席** せき 자리
歴史 れきし 역사　　　　　　**直径** ちょっけい 직경

케리는 비틀거리면서 머신 안에 들어갔습니다.

"자, 알겠네. 바로 감세."

몸을 낮추어 샤워 룸에서 나온 박사는 흔들림이 진정되는 것을 기다렸다 머신에 올라 탔습니다.

"자, 드디어 이 머신을 시험할 때가 왔네."

"박사님, 어느 시대로 갈 건가요?"

"백 년 전으로 감세."

"즉, 다시 말해서 1960년이군요."

"맞아. 1960년까지 돌아가면 다시 할 수 있어."

"즉, 역사를 바꾸어 버리는 셈이겠네요."

"해선 안 되는 일이지만 지금에선 도리가 없네."

두 사람은 이런 말을 하면서 타임머신 자리에 앉았습니다.

"좋아, 그럼 출발함세!"

박사가 스위치를 누르자, '콰아앙-!' 하는 소리와 함께 직경 2미터 정도의 원형의 작은 머신은 시뻘건 불길에 휩싸여 얼마 안 있어 조용히 사라져 갔습니다.

第二章　出会い

　マシーンの中でねむり続けていた二人は、ガタガタという大き
なゆれで目を覚ましました。周囲がだんだん明るくなり、やがて
マシーンは停止しました。

　二人は、小さなまどから、外の様子を観察しました。遠くに山
脈が連なっているのが見えました。その時、日本語と英語のアナ
ウンスが聞こえてきました。

　そしてしばらくすると、小型の飛行機が着陸するのが見えまし
た。反対側のまどからのぞくと、貨物を運ぶ車が見えました。

　「ドクター。あれは日南航空の飛行機です。どこかの空港のよ
うですね。」

　「うん。そのようだ。しかし、どうもマシーンの調子がおかし
い。時代をまちがえたかもしれない。」

　「じゃあ、たしかめに行きましょう。幸いここなら、マシーン
が見つかることはありません。」

　二人は、そっとマシーンを出て、標識を見ながら、ターミナル
ビルの案内カウンターへ行きました。

　「ああ、やっぱりまちがえた。見たまえ。〈二〇〇〇年八月三
日〉となっている。四十年も時代をまちがえてしまった。もう、
水も空気もだいぶよごれているだろう。」

100

제2장 만남

머신 속에서 계속 잠을 자던 둘은 덜컹거리는 큰 흔들림으로 잠을 깼습니다. 주위가 점점 밝아지고, 머지않아 머신은 정지했습니다.

둘은 작은 창문에서 바깥 상황을 관찰했습니다. 멀리 산맥이 이어져 있는 것이 보였습니다. 그 때, 일본어와 영어 방송이 들려왔습니다.

그리고 잠시 후 소형 비행기가 착륙하는 것이 보였습니다. 반대 측 창문에서 들여다보니 화물을 운반하는 차가 보였습니다.

"박사님, 저건 니치난 항공의 비행기입니다. 어딘가의 공항인 것 같군요."

"응, 그런 것 같군. 근데 아무래도 머신의 상태가 이상해. 시대를 착각했는지도 몰라."

"그럼, 확인하러 갑시다. 다행히 여기라면 머신이 발견될 염려는 없어요."

둘은 살짝 머신을 나와 표식을 보면서 터미널 빌딩의 안내 카운터로 갔습니다.

"아, 역시 틀렸어. 보게나. 〈2000년 8월 3일〉로 되어 있어. 40년이나 시대를 착각하고 말았어. 이제 물도 공기도 상당히 오염되어 있을 거야."

続 つづける 계속하다
覚 さます (잠을) 깨우다, 깨다, 깨우치다
周囲 しゅうい 주위
停止 ていし 정지
観察 かんさつ 관찰

山脈 さんみゃく 산맥
連 つらなる 연달아 있다
英語 えいご 영어
小型 こがた 소형
飛行機 ひこうき 비행기
着陸 ちゃくりく 착륙

反対側 はんたいがわ 반대쪽
貨物 かもつ 화물
航空 こうくう 항공
標識 ひょうしき 표지
案内 あんない 안내

ドクターが声をひそめて言いました。

「でも、今から何とかすれば、人類は助かるのではないですか。とにかく調べてみましょう。」

「そうだな。あきらめるのはまだ早いか。」

二人は、レンタカーを借りて、海へ向かいました。

小さな街を通りすぎてしばらく行くと、やがて海辺の道に出ました。なつかしい景色でした。

「ケリー。ここに見覚えはないかい？」

「もしかすると、ここは海底都市ができるまで、わたしたちが住んでいた町ではないですか？」

「そうだよ。ほら、あれをごらん。『村田郡 東谷郵便局』と書いてあるだろ。」

「あっ、本当だ。ここは、六十年前のわたしたちの町ですね。」

二人は車をおりて、海の方へ歩き出しました。

しばらく行くと、向こうから一人の青年が歩いてきました。二人は、その青年の顔を見て、目を丸くしました。

「あっ！ わたしににている。」

ケリーは、声をふるわせました。

借 かりる 빌리다
街 まち 거리
海辺 うみべ 해변, 바닷가

景色 けしき 경치
見覚 みおぼえ 전에 본 기억이 있음
郡 ぐん 군

郵便局 ゆうびんきょく 우체국

박사가 소리를 낮춰 말했습니다.

"하지만 지금부터 어떻게든 하면 인류는 도움이 되지 않을까요? 아무튼 조사해 봅시다."

"맞아. 단념하는 건 아직 일러."

둘은 렌터카를 빌려 바다로 향했습니다.

작은 마을을 지나 잠시 가자 얼마 안 있어 해변 길로 나왔습니다. 그리운 풍경이었습니다.

"케리, 여기에 와 본 기억이 없는가?"

"어쩜 여긴 해저도시가 생기기까지 우리들이 살았던 마을이 아닌가요?"

"맞아. 이봐 저걸 봐. '무라타군 히가시타니 우체국' 이라고 쓰여 있잖아."

"앗, 정말이네요. 여긴 60년 전의 우리들의 마을이군요."

둘은 차에서 내려 바다 쪽으로 걷기 시작했습니다.

잠시 가자, 맞은편에서 한 청년이 걸어왔습니다.

둘은 그 청년의 얼굴을 보고 눈을 동그랗게 떴습니다.

"앗! 나를 닮았어."

케리는 목소리가 떨렸습니다.

「君のおじいさんじゃないか。」

「えっ、わたしのおじいさん。」

「そうだ。君のおじいさんだ。何ていう名だ？」

「わたしのおじいさんは、ケラーです。田中ケラーです。聞いてみます。」

　ケリーはこう言うと、青年に近づいて行きました。

「あの、田中ケラーさんではありませんか？」

「ああ、そうだ。でもなぜおれを知っているんだ。」

　青年は、**不思議**そうな顔で言いました。

「**信**じられないかもしれないけど、あなたはわたしのおじいさんです。わたしたちは、**人類**を**救**うために、**未来**からやって来たのです。」

「**未来**！」

　青年は、声をはりあげました。

「しっ！　そうです。二〇六〇年から来たのです。わたしの名前は、田中ケリー。そして、あなたは、わたしのおじいさんなのです。」

「えっ。じゃあ君は、おれの**孫**というわけ。おれは君のおじいさん。そんなばかな！」

「うそじゃありません、おじいさん。わたしとあなたはそういう**関係**なのです。」

"자네 할아버지가 아닌가"

"엣. 제 할아버지라고요."

"맞아. 자네 할아버지야. 이름이 뭐지?"

"제 할아버지는 케라예요. 다나카 케라예요. 물어보겠습니다."

케리는 이렇게 말하며 청년에게 다가갔습니다.

"저, 다나카 케라 씨 아닌가요?"

"아 맞네만. 근데 어째서 날 알고 있나?"

청년은 의아한 얼굴로 말했습니다.

"믿지 않을 지도 모르지만, 당신은 제 할아버지입니다. 저희들은 인류를 구하기 위해 미래에서 왔어요."

"미래!"

청년은 소리를 질렀습니다.

"쉿! 맞아요. 2060년에서 왔어요. 제 이름은 다나카 케리예요. 그리고 당신은 제 할아 버지고요."

"엣. 그럼 자넨 네 손자인 셈인가. 난 자네의 할아버지. 그런 어처구니없는 일이!"

"거짓말이 아니에요. 할아버지. 저와 당신은 그런 관계예요."

不思議 ふしぎ 불가사의 　　　　　孫 まご 손자 　　　　　　　関係 かんけい 관계

信 しん じる 믿다. 신뢰하다

「うわあ！ ショック。それじゃあ、この老人は。」

「この方は、大西博士です。タイムマシーンを作られた方です。
実は、マシーンの調子が悪くて、予定より新しい時代に来てし
まったのです。」

「あなたに一つ聞きたいのだが、今、この海で魚がとれるのか
な？」

ドクターがたずねました。

「あの海の水を見てみな。この辺一帯とても魚が住める海じゃ
あない。」

「いつごろからこんなことに？」

青年はうでを組んでちょっと考えてから言いました。

「おれの父は、うでのいい漁師だった。いろんな種類の魚を自
由にとった。それはまさに、名人芸だったよ。そして家族を養っ
てくれた。おれは父のような漁師になりたかった。でも、だんだ
ん魚がとれなくなって、おれが高校を卒業したころには、もうだ
れも漁をしなくなった。今残っているのは、家にある大漁旗とあ
そこの灯台だけさ。」

老人 ろうじん 노인	種類 しゅるい 종류	卒業 そつぎょう 졸업
辺 へん 근처, 근방	名人芸 めいじんげい 명인의 재주[기	漁 りょう 고기잡이
一帯 いったい 일대	예]	大漁旗 たいりょうき 만선기, 풍어기
漁師 りょうし 어부	養 やしなう 양육하다, 기르다	灯台 とうだい 등대

"우와! 쇼크. 그럼 이 노인은."

"이 분은 오니시 박사님입니다. 타임머신을 만드신 분이에요. 실은 머신의 상태가 나빠 예정보다 새로운 시대에 와 버렸어요."

"자네에게 한 가지 묻고 싶은 게 있는데, 지금 이 바다에서 물고기를 잡을 수 있나?" 박사가 물었습니다.

"저 바다 물을 보게나. 이 부근 일대는 도저히 물고기가 살 수 있는 바다가 아니네."

"언제부터 이렇게 됐나?"

청년은 팔짱을 끼며 잠시 생각한 뒤 말했습니다.

"내 아버지는 솜씨 좋은 어부였지. 이런 종류의 물고기를 자유롭게 잡았어. 그건 실로 명인의 재주였어. 그리고 가족을 먹여 살렸어. 난 아버지와 같은 어부가 되고 싶었다네. 하지만 점점 물고기가 잡히지 않게 되어, 내가 고등학교를 졸업했을 무렵엔 더 이상 아무도 고기잡이를 하지 않게 되었어. 지금 남아 있는 건 집에 있는 만선기와 저기의 등대뿐이야."

「ここの漁業は政治家に見すてられたのですね。」

「そうさ。おれ達の意見を聞いてくれる候補者はいたが、票を集めることができず、いつも選挙で敗れてしまった。」

「ドクター。やはり、おそすぎましたね。もう一度マシーンで一九六〇年に行きましょう。」

「そうだな。その前に、マシーンを修理しなければならないが。」

二人が、別れを告げると、

「ケリー、がんばるんだぞ。」

と、ケリーのかたをポンとたたいて、青年は歩き出しました。それから、ふり返って、

「もう一度きれいな海を取りもどしてくれ。たのむぞ。」

と、つけ加えてにっこり笑いました。

その笑顔がとても印象的でした。

第三章 まずしい村

「ドクター、起きてください。着いたようです。」

「おっ、そうか。今度はだいじょうぶか。」

ドクターは、少し不安そうに言いました。

"여기 어업은 정치가에게 버림을 받았군요."

"맞아. 우리들의 의견을 들어 주는 후보자는 있었지만, 표를 모으지 못해 언제나 선거에서 패하고 말았어."

"박사님. 역시 너무 늦었군요. 다시 한 번 머신으로 1960년으로 갑시다."

"그래야겠어. 그 전에 머신을 수리해야만 하지만."

둘이 이별을 고하자,

"케리, 힘내게."

하고, 케리의 어깨를 툭 치며 청년은 걷기 시작했습니다. 그리고 뒤돌아보며,

"다시 한 번 깨끗한 바다를 되찾아 주게나. 부탁하네."

하고, 덧붙이며 방긋 웃었습니다.

그 웃는 얼굴이 매우 인상적이었습니다.

제3장 가난한 마을

"박사님! 일어나세요. 도착한 것 같습니다."

"오, 그래. 이번엔 괜찮을까?"

박사는 조금 불안한 듯이 말했습니다.

漁業 ぎょぎょう 어업
おれ達 たち 우리들
候補者 こうほしゃ 후보자
票 ひょう 표

選挙 せんきょ 선거
敗 やぶれる (승부에서) 패하다, 지다
別 わかれ 헤어짐, 이별
告 つげる 고하다, 알리다

加 くわえる 가하다, 늘리다
笑顔 えがお 웃는 얼굴
印象的 いんしょうてき 인상적
不安 ふあん 불안

「きっと、だいじょうぶです。ほら、見てください。山も川も
とてもきれいです。」

「そうだな。外に出てみよう。」

「わあ、空気がおいしい。」

ケリーは、両手を力いっぱいのばしながら言いました。

「ここは、**牧場**のようだな。**季節**は秋だ。山が色づき
始めている。あそこの村まで歩いてみよう。」

ドクターは、**周りを注意深く観察**しながら言いました。

その時、突然、子どもが二人、木かげから**飛**び出してきまし
た。

「助けて！」

ドクターとケリーがふり向くと、子どもたちの後ろから大きな
黒いかげがこちらへ向かってくるではありませんか。

「わあ、クマだ！」

「にげろ！ こっちだ！」

ドクターはさけびながら、二人をかかえるようにして、谷をめ
ざして走りました。

ケリーはみんなの後ろから、クマの方をふり返りながら走りま
す。

その時、子どもが一人こけてしまいました。

「おい。だいじょうぶか。」

"틀림없이 괜찮을 거예요. 자, 보세요. 산도 강도 아주 깨끗해요."

"그렇군. 밖에 나가 봄세."

"우와, 공기가 신선한 걸."

케리는 양손을 힘껏 뻗으며 말했습니다.

"여긴 목장 같군. 계절은 가을이군. 산이 물들기 시작하고 있어. 저기 마을까지 걸어가 봄세."

박사는 주변을 주의 깊게 관찰하면서 말했습니다.

그 때 갑자기 아이 둘이 나무 그늘에서 뛰어나왔습니다.

"살려줘요!"

박사와 케리가 돌아보자 아이들 뒤에서 큰 검은 그림자가 이쪽으로 향해 오는 게 아니 겠습니까?

"와, 곰이다!"

"도망쳐! 이쪽이야!"

박사는 외치면서 둘을 껴안으며 계곡을 향해 달렸습니다.

케리는 모두의 뒤에서 곰 쪽을 돌아다보며 달립니다.

그 때 한 아이가 넘어지고 말았습니다.

"어이, 괜찮니?"

牧場 ぼくじょう 목장
周 まわり 주위

突然 とつぜん 갑자기

飛 と**び出** だ**す** 뛰어나가(오)다

ドクターは、その子をだきかかえて走りました。もう一人の子どもはドクターの服をつかんで走ります。ふり返ると、もうすぐそこまでクマがせまっています。

「急げ！」

　ケリーはさけびながら、後ろから三人を守るように走ります。

「わああ！」

　ドクターと二人の子どもがくぼみに足をとられて草むらにつっこみました。

「助けて！」

「しっかりしろ！」

　今度は、ケリーが子どもたちをかかえて走ります。

「ウウウ…」

　すぐ後ろからクマのうなり声が聞こえます。

「わあ、もうだめだ！　走れない。」

「しっかりしろ！」

　ケリーが子どもを引きずるようにして前へ進みます。

　その時、

「ウオー！」

　クマがおそいかかってきました。

박사는 그 아이를 껴안고 달렸습니다. 또 한 아이는 박사의 옷을 붙잡고 달립니다. 돌아보니 바로 코앞까지 곰이 다가오고 있습니다.

"서둘러!"

케리는 외치면서 뒤에서 셋을 지키듯이 달립니다.

"우와!"

박사와 아이 둘이 움푹 팬 곳에 발이 걸려 풀숲에 넘어졌습니다.

"살려줘!"

"정신 차려!"

이번엔 케리가 아이들을 껴안고 달립니다.

"우아악……"

바로 뒤에서 곰의 으르렁거리는 소리가 들립니다.

"우와, 이제 틀렸어! 못 달리겠어."

"정신 차려!"

케리가 아이를 질질 끌듯이 앞으로 나아갑니다.

그 때,

"우아앙―!"

곰이 습격해 왔습니다.

「わああ…！」

ケリーは二人をだくようにして、しゃがみこんでしまいました。

次の瞬間、

「グオー、ウウウ！」

クマはその場にたおれこみ、それからにげて行きました。

ドクターがレーザー光線をクマの目をめがけて発射したのです。

「もうだいじょうぶだよ。」

ドクターがやさしく言うと、二人の男の子は、声をあげて泣きました。

「よかった。もうだいじょうぶ。君たちは、兄弟かい？」

「はい。」

「君たちの家は、どこだい？」

「あの林をぬけた所です。」

兄が答えました。

「じゃあ、いっしょに行こう。」

四人は、**牧場**を横切り、**松林**をぬけて行きました。子どもの家の前には、**浅い小川**が流れていて、**清流**に白菜の葉が**散**らばっていました。庭には、**梅**の木があり、入り口の屋根にはツバメの**巣**がありました。

ドクターとケリーは、**玄関**の表札を見ながら中へ入りました。

"으아악……!"

케리는 둘을 안듯이 주저앉고 말았습니다.

다음 순간

"워– 으어어!"

곰은 그 장소에 쓰러지더니 달아났습니다.

박사가 레이저 광선을 곰의 눈을 겨냥하여 발사한 것입니다.

"이제 괜찮아."

박사가 상냥하게 말하자 사내아이 둘은 소리를 지르며 울었습니다.

"다행이야. 이제 괜찮아. 너희들은 형제니?"

"예."

"너희들 집은 어디니?"

"저 숲을 빠져나간 곳에 있어요."

형이 대답했습니다.

"그럼 함께 가자꾸나."

네 명은 목장을 가로질러 송림을 빠져 나갔습니다. 애들 집 앞에는 얕은 작은 내가 흐르고 있고, 맑게 흐르는 물에 배추 잎이 흩어져 있었습니다. 정원에는 매화나무가 있고, 입구 지붕에는 제비집이 있었습니다.

박사와 케리는 현관 문패를 보면서 안으로 들어갔습니다.

泣 なく 울다　　　　　　清流 せいりゅう 청류, 맑게 흐르는 물　　　巣 す 둥지, 소굴

松林 まつばやし 송림　　　　白菜 はくさい 배추　　　　　　玄関 げんかん 현관

浅 あさい 얕다, (정도가) 낮다　　梅 うめ 매화나무, 매실　　　表札 ひょうさつ 표찰, 문패

「ごめんください。」

　ケリーが言うと、しばらくしておばあさんが出てきました。

　ドクターは、**牧**場での出来事を**伝**え、自分たちが何のために、どこから来たのかを話しました。おばあさんは、目を白黒させて聞いていましたが、やがて、落ち着きを取りもどして、

「あなた方は、**孫**の命を助けてくれた恩人です。」

と言ってなみだをふきました。

　そして、こんな話を始めました。

「実は、この子たちのお父さんは、二年前に病気で死にました。それで、お母さんが町の工場にとまりこみで**働**くようになりました。

　初めのうちは、食事付きでお金がもらえると**喜**んでいたのですが、上**司**のあつかいはひどいものだったようです。**副**社長が、夜おそくまで**働**くよう命**令**を出し、**課**長がみんなを一日中**管**理したのです。」

「それでお母さんは…。」

　ドクターが口をはさみました。

「ええ、病気でたおれ、夫の後を追うように**昨**年なくなりました。」

「ひどい話だ。なぜそこまでがまんを。」

　ケリーがたずねました。

116

"실례합니다."

케리가 말하자, 잠시 후 할머니가 나왔습니다.

박사는 목장에서의 사건을 전하고, 자신들이 뭐 때문에 어디에서 왔는지를 말했습니다. 할머니는 눈을 희번덕거리며 듣고 있었습니다만, 얼마 안 있어 안정을 되찾고는

"당신들은 손자의 생명을 구해 준 은인이에요."

라고 말하며 눈물을 닦았습니다.

그리고 이런 이야기를 시작했습니다.

"실은 이 아이들 아버진 2년 전에 병으로 죽었어요. 그래서 아이 엄마가 마을 공장에서 묵으며 일하게 되었지요.

처음에는 식사가 딸려 나오고 돈을 받을 수 있다고 기뻐했지만, 상사의 대우는 형편없었던 것 같아요. 부사장이 밤늦게까지 일하도록 명령을 하고, 과장이 모두를 하루 종일 관리했어요."

"그래서 애 엄마는……."

박사가 끼어들었습니다.

"예, 병으로 쓰러져 남편의 뒤를 쫓듯 작년에 죽고 말았어요."

"지독한 얘기군. 왜 거기까지 참았나요."

케리가 물었습니다.

伝 つたえる 전하다, (소식을) 알리다
働 はたらく 일하다
初 はじめ 처음
付 つく 붙다, 묻다, 생기다

上司 じょうし 상사
副社長 ふくしゃちょう 부사장
命令 めいれい 명령
課長 かちょう 과장

管理 かんり 관리
夫 おっと 남편
昨年 さくねん 작년

「もちろん、**好き**でやったのではありません。**給料**をもらえるのはとってもありがたいんです。でも、**給料**には**差**がつけられ、**順位**までつけられました。そして**順位**が上になれば、**特別**に**賞**ももらえるんです。なかには、それがいやで**辞職**するものもいました。でも、この子のお母さんは、どんなに苦しくても、つらくても、**欠勤**もせず、がんばりぬいたんです。おかげでいくらか**貯金**もできるようになりました。くらしを楽にしたいという**希望**をようやくかなえることができたのです。でも…。」

「とうとう病気に。」

ケリーが小声で**気の毒**そうに言いました。

「**昨年**の十二月、**愛する**子どもの手をにぎって、『白い**ご飯**をいっぱい食べるんだよ。』と言って、息を引き取りました。お母さんは、あの工場に**殺**されたようなものです。家族みんなで**仲良く**くらしていたのに…。これから、たとえどんなに**産業**が**栄え**たとしても、この子どもたちをあんな目にあわせたくありません。」

おばあさんは、いかりをおさえて言いました。

「そうです。そのとおりですよ。おばあちゃん。」

好<ruby>す<rt></rt></ruby>き 좋아함
給料<ruby>きゅうりょう<rt></rt></ruby> 급료
差<ruby>さ<rt></rt></ruby> 차이, 차등
順位<ruby>じゅんい<rt></rt></ruby> 순위
特別<ruby>とくべつ<rt></rt></ruby> 특별
賞<ruby>しょう<rt></rt></ruby> 상

辞職<ruby>じしょく<rt></rt></ruby> 사직
欠勤<ruby>けっきん<rt></rt></ruby> 결근
貯金<ruby>ちょきん<rt></rt></ruby> 저금
希望<ruby>きぼう<rt></rt></ruby> 희망
気<ruby>き<rt></rt></ruby>の毒<ruby>どく<rt></rt></ruby> 딱함, 불쌍함
愛<ruby>あい<rt></rt></ruby>する 사랑하다

ご飯<ruby>はん<rt></rt></ruby> 밥
殺<ruby>ころ<rt></rt></ruby>す 죽이다, 억누르다
仲良<ruby>なかよ<rt></rt></ruby>く 사이좋게
産業<ruby>さんぎょう<rt></rt></ruby> 산업
栄<ruby>さか<rt></rt></ruby>える 번영하다, 번창하다

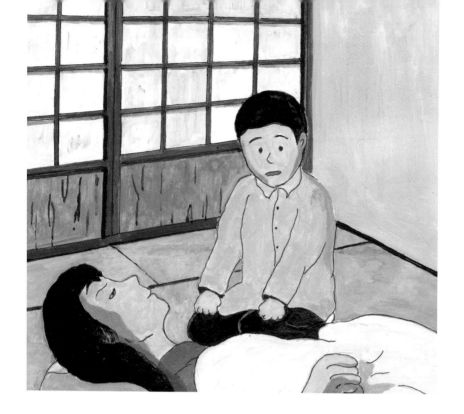

"물론 좋아해서 한 일은 아니에요. 급료를 받을 수 있는 건 대단히 고마운 일이에요. 하지만 급료에는 등급이 매겨져 순위까지 매겨졌어요. 그리고 순위가 위가 되면 특별히 상도 받을 수 있어요. 그중엔 그게 싫어서 사직하는 사람도 있었어요. 근데 이 아이 엄마는 아무리 힘들어도 결근도 하지 않고 끝까지 분발했답니다. 덕분에 약간 지금도 할 수 있게 되었지요. 생활을 편하게 하고 싶다는 희망을 간신히 이룰 수 있었던 거에요. 하지만……."

"마침내 병이."

케리가 작은 소리로 가여운 듯이 말했습니다.

"작년 12월 사랑하는 애들 손을 쥐며 '흰 쌀밥을 많이 먹어야 해.'라고 하며 숨을 거뒀어요. 애들 엄마는 그 공장에 살해당한 것과 마찬가지에요. 가족 모두 사이좋게 지내고 있었는데……. 지금부터 설령 아무리 산업이 번창한다고 해도 이 아이들을 그런 꼴을 당하게 하고 싶진 않아요."

할머니는 분노를 억누르며 말했습니다.

"맞아요. 말씀하신 그대로예요. 할머니."

ドクターは、声を強めて言いました。

　「お母さんの死を教訓にして、いい世の中をつくっていかなければなりません。そのために、わたしたちはここへ来たのです。」

　ケリーは、こう言って、かばんの中から大きな事典と印刷物を取り出しました。

　そして、

　「この事典には、二十一世紀中ごろのことはすべて書かれています。それから、これは、悪い法律によって、いかに世の中がひどいことになったかという事例を記録したものです。約二百の事例が書かれています。これを一人でも多くの人に読んでほしいのです。」

　こう説明しました。

　「大人だけでなく、小・中学校の児童や生徒にも知ってほしいと思います。いや、未来を生きる子どもにこそ知っておいてほしいのです。そして、正しい考えを勇気を持って言えるようになってほしいのです。だから、わたしは、この記録を教材にして、できるだけ多くの子どもたちに話をしたいと思っています。」

　今度は、ドクターが力強く話しました。

　「わかりました。どんなことでも協力します。必要なことがあれば、何でも言ってください。」

　おばあさんは、真けんな顔で約束してくれました。

박사는 언성을 높이며 말했습니다.

"애 엄마의 죽음을 교훈으로 삼아 좋은 세상을 만들어 가야 해요. 그것 때문에 저희들은 여기에 왔어요."

케리는 이렇게 말하며 가방 안에서 큰 사전과 인쇄물을 꺼냈습니다.

그리고,

"이 사전에는 21세기 중엽의 일이 모두 쓰여 있답니다. 그리고 이건 나쁜 법률로 인해 얼마나 세상이 형편없이 되었는가 하는 사례를 기록한 거랍니다. 약 2백 사례가 쓰여 있어요. 이걸 한 사람이라도 많은 사람이 읽어 주길 바래요."

이렇게 설명했습니다.

"어른뿐만 아니라 초·중학교 아동이나 학생들도 알아주었으면 해요. 아니, 미래를 살아가는 아이들이야말로 알아주길 바래요. 그리고 바른 생각을, 용기를 가지고 말할 수 있게끔 되어 주길 바래요. 그래서 난 이 기록을 교재로 삼아 가능한 한 많은 아이들에게 얘기를 하고 싶어요."

이번엔 박사가 힘차게 말했습니다.

"알았어요. 무슨 일이든 협력하겠어요. 필요한 게 있으면 뭐든지 말씀해 주세요."

할머니는 진지한 얼굴로 약속해 주었습니다.

教訓 きょうくん 교훈
事典 じてん 사전
印刷物 いんさつぶつ 인쇄물
法律 ほうりつ 법률
事例 じれい 사례

記録 きろく 기록
約 やく 약
説明 せつめい 설명
児童 じどう 아동
生徒 せいと 생도, 학생

勇気 ゆうき 용기
教材 きょうざい 교재
協力 きょうりょく 협력
必要 ひつよう 필요
約束 やくそく 약속

第四章　二○六○年の地球

　こうして、ドクターとケリーは、毎日子どもたちを集めて、**争いを無く**すること、自分だけよければいいという考え**を改め**ることなどを話しました。

　実際に**未来**を知っている二人の話は、聞く人の心をとらえました。子どもだけでなく、大人の**参加**者もどんどんふえていきました。そして、一回に何百人という**単位**で人が集まるようになりました。やがてうわさは世界中に広がっていきました。

　それから十年がすぎました。

　「ドクター。だいぶ多くの人の考え方が**変**わってきましたね。」

　ケリーが言いました。

　「そうだな。住みやすい**良い**世の中になってきた。」

　ドクターも**満足**そうに言いました。

　「そろそろ、二○六○年にもどってみませんか。きっと、**歴史**は**変**わっていますよ。」

　ケリーが言うと、

　「実は、わたしもそれを考えていたんだ。もうわたしも年だ。どんな**結果**になっているかを生きているうちに、この目で見ておきたいものだ。」

122

제4장 2060년의 지구

이리하여 박사와 케리는 매일 아이들을 모아, 싸움을 없앨 것과 나만 괜찮으면 된다는 생각을 고칠 것 등을 애기했습니다.

실제로 미래를 알고 있는 두 사람의 얘기는 듣는 사람의 마음을 사로잡았습니다. 아이들뿐만 아니라 참가하는 어른들도 점점 늘어 갔습니다. 그리고 한 번에 몇 백 명이라는 단위로 사람이 모이게 되었습니다. 얼마 안 있어 소문은 전 세계로 퍼져 나갔습니다.

그리고 10년이 지났습니다.

"박사님. 상당히 많은 사람의 사고방식이 바뀌었군요."

케리가 말했습니다.

"그렇군. 살기 편한 좋은 세상이 되었어."

박사도 만족스러운 듯이 말했습니다.

"슬슬, 2060년으로 돌아가 보시지 않겠어요? 틀림없이 역사는 바뀌어 있을 거에요."

케리가 말하자,

"실은 나도 그걸 생각하고 있었다네. 이제 나도 나이를 먹었어. 어떤 결과가 되어 있을지를 살아 있는 동안에 이 눈으로 봐 두고 싶네."

争 あらそい 싸움, 분쟁　　参加 さんか 참가　　良 よい 좋다

無 なくす 없애다, 잃다　　単位 たんい 단위　　満足 まんぞく 만족

改 あらためる 고치다, 개선하다　　変 かわる 변하다, 바뀌다　　結果 けっか 결과

と、ドクターも言いました。

　「じゃあ、出発しましょう。ドクター。」

　「そうするか。」

　こうして、二人はまた二〇六〇年へ出発しました。

　「ドクター。二〇六〇年に着きました。**大成功**です。見てください。あの美しい空、美しい海、美しい山を！」

　「すばらしい！　ついにやったなあ。ケリー君。地球は**救**われたんだ。」

　「そうです。地球は**救**われました。海底都市なんてどこにもありません。とうとう、ドクターの研究が地球の**未来**に道を開いたのです。それに…。」

　ケリーは、ちょっと言葉につまりました。

　「それにどうしたんだ。」

　「おじいさんとの**約束**を果たすことができました。」

　「なるほど、そうだったな。」

　ドクターがうれしそうにうなずきました。

果はたす　완수하다, 이루다

하고, 박사도 말했습니다.

"그럼, 출발하시죠. 박사님."

"그렇게 함세."

이리하여 둘은 다시 2060년으로 출발했습니다.

"박사님. 2060년에 도착했어요. 대성공이에요. 보세요. 저 아름다운 하늘, 아름다운 바다, 아름다운 산을!"

"훌륭하군! 마침내 해냈어. 케리군. 지구는 살아났어."

"맞아요. 지구는 살아났어요. 해저도시 따윈 아무데도 없어요. 마침내 박사님의 연구가 지구의 미래에 길을 열었어요. 게다가······."

케리는 좀 말문이 막혔습니다.

"게다가 왜 그러나."

"할아버지와의 약속을 다할 수 있었어요."

"정말, 그랬었군."

박사가 기쁜 듯이 고개를 끄떡였습니다.

「ドクター、見てください。もうすぐ春です。」

　ケリーは、ふくらみかけたさくらのつぼみのついたえだをそっと折ってドクターに手わたしました。

　その小さな新芽を見て、二人はにっこりほほえみました。

"박사님, 보세요. 이제 곧 봄이에요."

케리는 부풀어 오른 벚꽃 봉우리가 달린 가지를 살짝 꺾어 박사님에게 건넸습니다.

그 작은 새싹을 보고 두 사람은 방긋 웃었습니다.

折 ぁる 꺾다. 구부리다　　　新芽 しんめ 새싹

4학년 종합신습한자

世紀 세기

末 끝, 말

各地 각지

自然 자연

南極 남극

戦争 전쟁

競う 다투다, 경쟁하다

兵器 병기, 무기

実験 실험

大量 대량

毒 독

満ちる 가득 차다, 기한이 차다

付く 붙다, 묻다, 생기다

健康 건강

害する 해치다, 방해하다

残る 남다

最後 최후, 마지막

試み 시도

海底 해저

建物 건물

建てる 세우다, 짓다

照る 밝게 빛나다, 비치다

季節 계절

変化 변화

笑い 웃음

労働 노동

失う 잃다, 상실하다

無気力 무기력

胃 위

腸 장

博士 박사

以前 이전

求める 구하다, 요청하다

軍隊 군대

不要 불필요

唱える 외다, 읊다, 외치다

人類 인류

救う 구하다, 돕다

積む 쌓다

完成 완성

喜ぶ 기뻐하다, 즐거워하다

改良 개량

機械 기계

必ず 반드시

連邦 연방

政府 정부

兆 조

軍事費 군사비

願う 바라다, 기원하다

国民 국민

要求 요구

残念 유감

努力 노력

苦労 고생, 수고

成功 성공

結び付く 맺어지다, 결부되다

未来 미래

氏 씨 (남자의 성명 뒤에 붙여 경의를 나타냄)

固い 단단하다

億 억

鏡 거울

白衣 백의, 흰옷
静か 고요함
官僚 관료
大臣 내각의 대신, 장관
反省 반성
利益 이익
政治家 정치가
説得 설득
熱い 뜨겁다, 열정적이다
お祝い 축하, 축익금
浴びる 끼얹다, 뒤집어쓰다
料理 요리
食堂 식당
冷蔵庫 냉장고
塩 소금
焼く 태우다, 굽다
倉庫 창고
置く (물건을) 어디에 두다
一輪 (꽃) 한 송이
共 함께
食器 식기

飛び散る 흩날리다, 튀다
粉 가루
低い 낮다
試す 시험해보다
歴史 역사
変える 바꾸다, 변화시키다
席 자리
直径 직경
包む 싸다, 에워싸다

제2장

続ける 계속하다
覚ます (잠을) 깨우다, 깨다, 깨우치다
周囲 주위
停止 정지
観察 관찰
山脈 산맥
連なる 연달아 있다
英語 영어
小型 소형
飛行機 비행기

着陸 착륙
反対側 반대쪽
貨物 화물
航空 항공
標識 표지
案内 안내
借りる 빌리다
街 거리
海辺 해변, 바닷가
景色 경치
見覚え 전에 본 기억이 있음
郡 군
郵便局 우체국
不思議 불가사의
信じる 믿다, 신뢰하다
孫 손자
関係 관계
老人 노인
辺 근처, 근방
一帯 일대
漁師 어부

種類 종류	周り 주위	夫 남편
名人芸 명인의 재주[기예]	突然 갑자기	昨年 작년
養う 양육하다, 기르다	飛び出す 뛰어나가(오)다	好き 좋아함
卒業 졸업	泣く 울다	給料 급료
漁 고기잡이	松林 송림	差 차이, 차등
大漁旗 만선기, 풍어기	浅い 얕다, (정도가) 낮다	順位 순위
灯台 등대	清流 청류, 맑게 흐르는 물	特別 특별
漁業 어업	白菜 배추	賞 상
おれ達 우리들	梅 매화나무, 매실	辞職 사직
候補者 후보자	巣 둥지, 소굴	欠勤 결근
票 표	玄関 현관	貯金 저금
選挙 선거	表札 표찰, 문패	希望 희망
敗れる (승부에서) 패하다, 지다	伝える 전하다, (소식을) 알리다	気の毒 딱함, 불쌍함
別れ 헤어짐, 이별	働く 일하다	愛する 사랑하다
告げる 고하다, 알리다	初め 처음	ご飯 밥
加える 가하다, 늘리다	付く 붙다, 묻다, 생기다	殺す 죽이다, 억누르다
笑顔 웃는 얼굴	上司 상사	仲良く 사이좋게
印象的 인상적	副社長 부사장	産業 산업
제3장	命令 명령	栄える 번영하다, 번창하다
不安 불안	課長 과장	教訓 교훈
牧場 목장	管理 관리	事典 사전

印刷物 _{いんさつぶつ} 인쇄물	教材 _{きょうざい} 교재	単位 _{たんい} 단위

印刷物 いんさつぶつ 인쇄물

教材 きょうざい 교재

単位 たんい 단위

法律 ほうりつ 법률

協力 きょうりょく 협력

変わる か 변하다, 바뀌다

事例 じれい 사례

必要 ひつよう 필요

良い よ 좋다

記録 きろく 기록

約束 やくそく 약속

満足 まんぞく 만족

約 やく 약

제3장

結果 けっか 결과

説明 せつめい 설명

争い あらそ 싸움, 분쟁

果たす は 완수하다, 이루다

児童 じどう 아동

無くす な 없애다, 잃다

折る お 꺾다, 구부리다

生徒 せいと 생도, 학생

改める あらた 고치다, 개선하다

新芽 しんめ 새싹

勇気 ゆうき 용기

参加 さんか 참가

TIP 날씨 관련 일본어 표현

天気予報 てんきよほう 일기예보	低気圧 ていきあつ 저기압	稲妻 いなずま 번개
快晴 かいせい 쾌청	大気 たいき 대기	霧 きり 안개
晴れ はれ 맑음	気流 きりゅう 기류	霜 しも 서리
曇 くもり 흐림	季節のかわりめ きせつのかわりめ 환절기	露 つゆ 이슬
雨 あめ 비	夕暮 ゆうぐれ 황혼	雹 ひょう 우박
雪 ゆき 눈	虹 にじ 무지개	吹雪 ふぶき 눈보라
気候 きこう 기후	津波 つなみ 해일	雪崩 なだれ 눈사태
空 そら 하늘	地震 じしん 지진	みぞれ 진눈깨비
気温 きおん 기온	寒気 さむけ 한기	小雨 こさめ 가랑비
温度 おんど 온도	洪水 こうずい 홍수	にわか雨 あめ 소나기=夕立 ゆうだち
湿気 しっき·しっけ 습기	寒波 かんぱ 한파	春雨 はるさめ 봄비
湿度 しつど 습도	日照 ひでり 가뭄	秋雨 あきさめ 가을비
気圧 きあつ 기압	梅雨 つゆ 장마	
高気圧 こうきあつ 고기압	雷 かみなり 천둥	

5학년
한자 193자

ミステリーランド

미스터리 랜드

第一章　ミステリーの始まり

日曜日の朝のことです。

「友喜、もう年賀状書いたの？」

顔を見るなり、お母さんが言いました。

「まだ早すぎるよ。それより、これ、ゴミに出しといて。」

友喜は、破れかけた布のふくろに包んだカセットデッキをお母さんにわたしながら言いました。

「えっ、もうこわれたの？」

「うん。音が出ないんだ。」

「もったいないわね。まだ使えるでしょう。」

「だめだ。もう限界だよ。」

友喜は、強い口調で言いました。

横で朝刊を読んでいたお父さんが、新聞を置いて、

「ちょっと見せてみろ。修理できるかもしれないぞ。」

と、口をはさみました。

年賀状 ねんがじょう 연하장　　布 ぬの 천　　朝刊 ちょうかん 조간
破 やぶれる 찢어지다, 깨지다　　限界 げんかい 한계　　修理 しゅうり 수리

제1장 미스터리의 시작

일요일 아침의 일입니다.

"도모키, 벌써 연하장 썼니?"

얼굴을 보자마자 엄마가 말했습니다.

"아직 너무 빨라. 그것보다 이거, 쓰레기로 내놓아."

도모키는 찢어진 천 주머니에 감싼 카세트 플레이어를 엄마에게 건네면서 말했습니다.

"엣, 벌써 망가졌니?"

"응, 소리가 안 나와."

"아까워 어쩌지. 아직 사용할 수 있잖니."

"못 쓴다 말이야. 이제 한계란 말이야."

도모키는 강한 어조로 말했습니다.

옆에서 조간을 읽고 있던 아버지가 신문을 놓으며,

"잠깐 보여주렴. 수리 가능할지도 몰라."

하고, 끼어들었습니다.

お父さんは**技師**をしていました。だから、**職業**がら、すてる前にまず、**検査**してみることが習慣になっていました。

　お父さんは、デッキを手に取って、たてにしたり横にしたりしながら、

「ああ、中国(ちゅうごく)製か。」

と**独**り言を言いました。

「音の出ないカセットデッキなんて、**一銭**の**価値**(ち)もないよ。」

　友喜(ともき)は**舌打**ちをして、お父さんからデッキを取りもどしました。本当はまだ使えたのですが、こんな**旧式**のデッキより、もっと新しいのがほしかったのです。

　友喜(ともき)は、ぶつぶつ文句を言いながらご飯を食べましたが、すぐに、

「ごちそうさま。」

と言って、**余**ったご飯をみんなタマにやりました。

　タマは、二年前から**飼**っているネコです。はじめはガリガリでしたが、今ではよく**肥**えていました。

「こんなに残して、もったいない。ますますタマが**肥**えてしまうじゃないの。」

という、お母さんのヒステリックな声と、

「道**徳**教育が必要なのは**政治家**じゃないか。」

という、お父さんの文句を言う声が聞こえてきました。

아버지는 기술자였습니다. 그래서 직업상 버리기 전에 우선 검사를 해보는 것이 습관이 되어 있었습니다.

아버지는 카세트 플레이어를 손에 들고 세로로 해보기도 가로로 해보기도 하면서,

"아, 중국제군."

하고 혼잣말을 했습니다.

"소리가 안 나는 카세트 플레이어 따위 한 푼의 가치도 없어요."

도모키는 혀를 차며 아버지로부터 플레이어를 되찾았습니다. 실은 아직 사용할 수 있었지만, 이런 구식 플레이어보다 좀 더 새로운 것을 갖고 싶었던 것입니다.

도모키는 투덜투덜 불평을 하면서 밥을 먹었습니다만 바로,

"잘 먹었습니다."

라고 하며, 남은 밥을 모두 타마에게 주었습니다.

타마는 2년 전부터 기르고 있는 고양입니다. 처음엔 빼빼했습니다만 지금은 살이 많이 쪘습니다.

"이렇게 남기고 아까워서 어쩌지. 점점 더 타마가 살이 쪄버리는 거 아니니."

라고 하는 엄마의 히스테릭한 목소리와

"도덕교육이 필요한 건 정치가가 아닌가?"

라고 하는 아버지의 불평하는 소리가 들려왔습니다.

技師 ぎし 기사, 기술자
職業 しょくぎょう 직업
検査 けんさ 검사
習慣 しゅうかん 습관
中国製 ちゅうごくせい 중국제
独 ひとり言 ごと 혼잣말

一銭 いっせん 한 푼, 푼돈
価値 かち 가치
舌 した 혀
旧式 きゅうしき 구식
文句 もんく 트집, 불평
余 あまる 남다

飼 かう (동물을) 기르다, 사육하다
肥 こえる 살찌다, (땅이) 비옥해지다
道徳 どうとく 도덕
政治家 せいじか 정치가

つけっぱなしのテレビからは、今日もたくさんの**事件**や事**故**の**情報**を知らせるニュースが流れていました。

　友喜は、そんな声を聞きながら、出かける**準備**をしました。朝から親友の英男と待ち合わせをしていたのです。友喜は、とりあえず、デッキを台所に置いて、それからお母さんに向かって、

「**久**しぶりに、ひでぞうと勉強することになっているから、これから出かけるよ。」

と、良い子を**演**じました。

　友喜は、いつも英男のことを〈ひでぞう〉とよび、英男は、友喜のことを〈ともぞう〉とよんでいました。

「気をつけてね。」

というお母さんの声に、

「だいじょうぶ、だいじょうぶ。」

と**適**当な返事をして、**制服**をつかんで家を飛び出しました。

　待ち合わせの場所に、まだ英男の**姿**はありませんでした。辺りをきょろきょろしていると、そばの電柱にはってある二**枚**のビラが目にとまりました。〈**貸間**あり〉というビラと〈**夢**の国へご**招待**〉というビラでした。

　そこへ、英男がやって来ました。

「ごめん、ごめん、おくれてしまった。」

英男は、すまなそうに言いました。

켜둔 텔레비전에서는 오늘도 많은 사건과 사고 정보를 알리는 뉴스가 방영되고 있었습니다.

도모키는 그런 소리를 들으면서 외출할 준비를 했습니다. 아침부터 친구인 히데오와 만나기로 약속을 했던 것입니다. 도모키는 우선 플레이어를 부엌에 놓으며 엄마를 향해,

"오래간만에 히데조와 공부하기로 되어 있으니까 지금부터 나가요."

하고, 착한 애인 척했습니다.

도모키는 언제나 히데오를 '히데조'라고 부르고, 히데오는 도모키를 '도모조'라고 부르고 있었습니다.

"조심하거라."

라고 하는 엄마의 소리에

"괜찮아, 괜찮아."

하고 적당한 대답을 하고 제복을 움켜쥐고는 집을 뛰어나갔습니다.

만나기로 한 장소에 아직 히데오의 모습은 없었습니다. 주위를 두리번두리번하고 있자니, 옆 전봇대에 붙어 있는 두 장의 광고지가 눈에 띄었습니다. '셋방 있음'이라고 하는 광고지와 '꿈의 나라로 초대'라고 하는 광고지였습니다.

거기에 히데오가 찾아왔습니다.

"미안해, 미안해. 늦고 말았어."

히데오는 미안한 듯이 말했습니다.

事件 じけん 사건
事故 じこ 사고
情報 じょうほう 정보
準備 じゅんび 준비

久 ひさ しぶり 오래간만
演 えんじる (어떤 행동을) 하다, 연기를 하다
適当 てきとう 적당

制服 せいふく 제복
貸間 かしま 셋방
夢 ゆめ 꿈
招待 しょうたい 초대

「ひでぞう、これを見て。」

友喜<ruby>友喜<rt>ともき</rt></ruby>は、さっき見ていたビラを指さしました。

「〈**貸間あり**〉。何だこれ！」

「いや、それじゃない。こっちだよ。」

「〈**夢の国へご招待**〉？」

<ruby>英男<rt>ひでお</rt></ruby>が**興**味深そうに言いました。

「地図までついているよ。おもしろそうだろう。行ってみないか。」

「おもしろそうだな。行ってみよう。」

<ruby>英男<rt>ひでお</rt></ruby>も**快**く**賛**成しました。

二人は、地図に**示**された目印をチェックしながら進んで行きました。

「消**防**署を右に曲がって、<ruby>春風<rt>はるかぜ</rt></ruby>**団**地を左。」

「学校の校**舎**を右へ折れて、**税務**署の前をまっすぐ。」

二人は地図を読みながら、順**序**よく進みました。

やがてにぎやかな通りを**過**ぎて、山道へ入って行きました。

興味 きょうみ 흥미
快 こころよく 기분 좋게, 즐겁게
賛成 さんせい 찬성
示 しめす 나타내 보이다, 가리키다

消防署 しょうぼうしょ 소방서
団地 だんち 단지
校舎 こうしゃ 교사, 학교 건물
税務署 ぜいむしょ 세무서

順序 じゅんじょ 순서
過ぎる すぎる 통과하다, 경과하다

"히데조, 이걸 봐."

도모키는 조금 전 봤던 광고지를 손으로 가리켰습니다.

" '셋방 있음' 이건 뭐야!"

"아니, 그것 말고 이쪽이야."

" '꿈의 나라로 초대?' "

히데오가 흥미롭게 말했습니다.

"지도까지 붙어 있어. 재밌을 것 같은데. 가보지 않을래?"

"재밌을 것 같군. 그래, 가 보자."

히데오도 흔쾌히 찬성했습니다.

둘은 지도에 표시된 표적을 체크하면서 나아갔습니다.

"소방서를 오른쪽으로 돌아서 하루카제 단지를 왼쪽으로."

"학교 건물을 오른쪽으로 꺾어, 세무서 앞을 직진."

둘은 지도를 보면서 차례대로 나아갔습니다.

얼마 안 있어 번화한 거리를 지나 산길로 들어갔습니다.

「地図ではここから省略してあるけど、だいたいあと三百メートルくらいで墓地に出るはずだ。」

友喜は予測して言いました。

二人が歩いていくと、確かに、ちょうど三百メートルほどで墓地に着きました。

「ともぞうは、地図を読む素質があるね。」

「えへへ、実は、ここにうちの墓があるんだよ。」

友喜は言うと、先祖の墓の前へ行って、手を合わせました。

そこから、道が二つに分かれていました。二人は、左の道を行くことにしました。

道はどんどん険しくなり、とうとう行き止まりになってしまいました。

そこには、〈立ち入り禁止〉の立て札が立っていました。

「道に迷ったようだね。」

「墓場までもどって逆の道を行ってみようか。」

友喜が言いました。

「うん、そうしよう。」

二人は、今度は右の道を行きました。

しばらく行くと、一軒の家の前に出ました。それは、小屋を改造したようなそまつなものでした。

友喜は中をのぞきこんで言いました。

"지도에선 여기서부터 생략되어 있는데, 대략 앞으로 3백 미터 정도 가면 묘지가 나올 거야."

도모키는 예측하여 말했습니다.

둘이 걸어가자, 정확히 딱 3백 미터 정도에 묘지가 나왔습니다.

"도모조는 지도를 보는 소질이 있는데."

"에헤헤, 실은 여기에 우리 집 무덤이 있어."

도모키는 말을 한 뒤, 조상 묘 앞에 가서 손을 모았습니다.

거기에서 길이 둘로 나뉘어져 있었습니다. 둘은 왼쪽 길을 가기로 했습니다.

길은 점점 험난해져 마침내 막다른 곳이 되고 말았습니다.

거기에는 '출입금지' 팻말이 서 있었습니다.

"길을 잃은 것 같아."

"무덤까지 돌아가 반대 길로 가 볼까?"

도모키가 말했습니다.

"응, 그렇게 하자."

둘은 이번에는 오른쪽 길을 갔습니다.

잠시 가니, 한 채의 집 앞에 이르렀습니다. 그건 오두막집을 개조한 듯한 변변치 못한 것 이었습니다.

도모키는 안을 들여다보며 말했습니다.

省略 しょうりゃく 생략　　素質 そしつ 소질　　禁止 きんし 금지
墓地 ぼち 묘지　　　　墓 はか 묘　　　　迷 まよ う 길을 잃다, 헤매다, 망설이다
予測 よそく 예측　　　先祖 せんぞ 선조, 조상　逆 ぎゃく 반대, 거꾸로임
確 たし か 확실함, 정확함　険 けわ しい 험하다, 위태롭다　改造 かいぞう 개조

「これでも一応住居のようだ。米俵が一俵あるよ。」

「それに、ほら、畑もちゃんと耕してあるし、木の燃えかすもある。」

「こんな所にだれが住んでいるんだろう。」

「きっと何かの事情で、ここへ移って来たんだよ。」

友喜（ともき）が大人のような口ぶりで言いました。

「仮にそうだとしても、この様子じゃあ、相当貧しいくらしだね。」

「妻も子もいない一人ぐらしだろうな。」

またまた友喜（ともき）が大人ぶって言いました。

「もしかすると、何か罪を犯して、ここにかくれて住んでいるのかも…。」

英男（ひでお）が声を低くして言いました。

「確かにその可能性も…」

友喜（ともき）がこう言いかけた時、ガサッという音がしました。

二人は、びっくりしてかけ出しました。後ろをふり返ることもなく走りました。

一応 いちおう 일단, 우선은
住居 じゅうきょ 주거
米俵 こめだわら 쌀섬
一俵 いっぴょう 한 섬
耕 たがやす 경작하다

燃 もえる (불)타다, 피어오르다
事情 じじょう 사정
移 うつる 옮기다, 이동하다, 변하다
仮 かりに 가령, 만일, 임시로
貧 まずしい 가난하다, 부족하다,
빈약하다
妻 つま 아내, 처
罪 つみ 죄
犯 おかす 어기다, 범하다
可能性 かのうせい 가능성

144

"이래도 우선 집 같은데. 쌀 섬이 한 가마 있어."

"게다가 이봐, 밭도 제대로 경작되어 있고, 나무 재도 있어."

"이런 곳에 누가 살고 있을까?"

"틀림없이 무슨 사정으로 여기에 옮겨 왔을 거야."

도모키가 어른스런 말투로 말했습니다.

"만약 그렇다 치더라도 이 형편을 봐선 상당히 가난한 생활이군."

"아내도 아이도 없는 독신생활일 거야."

또 도모키가 어른스럽게 말했습니다.

"어쩌면 뭔가 죄를 저질러 여기에 숨어 살고 있는 것일지도……."

히데오가 소리를 낮춰 말했습니다.

"분명히 그럴 가능성도……."

도모키가 이렇게 말을 걸었을 때 바삭거리는 소리가 났습니다.

둘은 깜짝 놀라 뛰어나갔습니다. 뒤를 돌아다보지도 않고 달렸습니다.

どれほど走ったでしょうか。

「ちょっと待って！」

英男（ひでお）の苦しそうな声で友喜（ともき）は足を止めました。

「もうだめだ。酸欠状態だ。」

英男（ひでお）が言うと、

「ああ、おどろいた。でも、ここまで来ればもうだいじょうぶだ。」

友喜（ともき）も息を切らしながら、額のあせをふきました。

二人は、桜の木の下でひと休みしてから、再び歩き出しました。雑木林の中の道は、木の枝がからんで、二人の行く手をふさいでいました。

「ともぞう。もう引き返そうよ。」

と、英男（ひでお）がちょっとためらいがちに言いました。

「せっかくここまで来たんだから、最後までつきとめようよ。」

「そう言うと思ったよ。お前は、一度決めたことは最後までやり通さないと気がすまない性格だからな。本当に意志が強いんだから。」

英男（ひでお）は、あきらめて友喜（ともき）の後に続きました。

雑木林の道を一キロ程行くと、少し広い道に出ました。もう一度、地図で現在地を確かめました。

「おい、これ近道だったようだ。」

얼마나 달렸을까요?

"잠깐 기다려!"

히데오가 괴로운 듯한 소리를 내서 도모키는 발길을 멈췄습니다.

"더 이상 안 되겠어. 산소 결핍 상태야."

히데오가 말하자,

"아, 놀랐잖아. 하지만 여기까지 왔으니 이제 괜찮아."

도모키도 숨이 끊어지듯 헐떡이면서 이마의 땀을 닦았습니다.

둘은 벚나무 아래에서 잠시 쉰 후, 다시 걷기 시작했습니다. 잡목림 속의 길은 나뭇가지가 얽혀 둘의 앞길을 가로막고 있었습니다.

"도모조. 이제 돌아가자."

하고, 히데오가 잠시 주저하며 말했습니다.

"모처럼 여기까지 왔으니 끝까지 밝혀내자."

"그렇게 말할 거라 생각했어. 넌 한 번 결심한 것은 끝까지 해야만 직성이 풀리는 성격인데다 정말로 의지가 상하니까."

히데오는 단념하며 도모키 뒤를 따라갔습니다.

잡목림 길을 1킬로 정도 가자 조금 넓은 길이 나왔습니다. 다시 한 번 지도로 현 위치를 확인했습니다.

"이봐, 이 길 지름길이었던 것 같아."

酸欠状態 さんけつじょうたい 산소
결핍 상태
額 ひたい 이마
桜 さくら 벚꽃

再 ふたた び 다시, 재차
雑木林 ぞうきばやし 잡목림
枝 えだ 가지
性格 せいかく 성격

意志 いし 의지
程 ほど 정도
現在地 げんざいち 현 위치

友喜がうれしそうに言いました。

「そうか。ぼくたちの**判断**はまちがっていなかったんだ。」

「〈**災**い転じて福と成す〉だな。それにしてもおなかがすいた。**弁**当でも持ってくればよかった。」

「パンなら一つあるよ。」

英男はポケットからパンを一つ出して、**均**等に分けました。

二人はパンをほおばりながら、**勢**いを**増**して歩き出しました。

第二章　〈夢の国〉への入り口

やがて二人は、古い**鉱**山の坑道の入り口につき当たりました。

「いつか、おじいちゃんから聞いたことがあるよ。この山は**鉱**山だったって。」

英男が言いました

「うん。**確**か総合の**授**業でも、昔ここで**銅**がよく**採**れていたと習ったような気がする。」

友喜も言いました。

その時、

「あっ、あった！」

と、英男が声を**張**り上げました。

「何！　何があったんだ？」

도모키가 기쁜 듯이 말했습니다.

"그래. 우리들의 판단은 틀리지 않았어."

" '전화위복' 이야. 그건 그렇고 배고프다. 도시락이라도 가지고 오면 좋았을 텐데."

"빵이라면 하나 있어."

히데오는 주머니에서 빵을 하나 꺼내 똑같이 나눴습니다.

둘은 빵을 입에 가득 물고는 힘차게 걷기 시작했습니다.

제2장 '꿈의 나라'에의 입구

얼마 안 되어 둘은 낡은 광산 갱도 입구에 막 다다랐습니다.

"언젠가 할아버지로부터 들은 적이 있어. 이 산은 광산이었대."

히데오가 말했습니다.

"응, 분명히 종합 수업에서도 옛날 여기에서 동이 잘 채굴 되었다고 배운 듯한 느낌이 들어."

도모키도 말했습니다.

그 때,

"아, 있어!"

하고, 히데오가 소리를 질렀습니다.

"뭐! 뭐가 있다는 거야?"

判断 はんだん 판단
災 わざわい 재난, 재액
弁当 べんとう 도시락
均等 きんとう 균등
勢 いきおい 기세, 힘, 기운

増ます 많아지다, 늘다, 더하다
鉱山 こうざん 광산
総合 そうごう 종합
授業 じゅぎょう 수업
銅 どう 동

採とれる 채굴되다
張はり上あげる 소리를 지르다, 외치다

「あれ、ほら、〈夢の国〉だよ。」

友喜が、じっと目をこらして見ると、坑道の入り口に小さな金属の立て札が立っていました。

「〈夢の国へようこそ〉。これが夢の国の入り口だ。」

「どうする。入ってみるかい。」

「もちろんだ。」

友喜は目をかがやかせて言いました。

いつの間にか、晴れていた空は厚い雲でおおわれ、ぽつぽつ雨がふってきました。二人は雨をよけるようにして、あなへ入って行きました。

二人があなへ入るとすぐに、

「わあ、出た！」

前を歩いていた友喜がさけびました。

何かが二人の周りを飛び回ったのです。

「わあ、助けて！」

英男もさけびました。

「だいじょうぶ。コウモリの群れだ。」

友喜は、落ち着きをとりもどして言いました。

二人は、まるでコウモリに導かれてでもいるかのように、真っ暗な中を進んでいきました。

"어, 이봐 '꿈의 나라' 야."

도모키가 지그시 바라보자, 갱도의 입구에 작은 금속 팻말이 서 있었습니다.

" '꿈의 나라에 오신 걸 환영합니다.' 이게 꿈의 나라 입구야."

"어떻게 할래? 들어가 볼 거니."

"물론이야."

도모키는 눈을 반짝이며 말했습니다.

어느 샌가 개어 있던 하늘은 두터운 구름으로 뒤덮여 조금씩 비가 내렸습니다. 둘은 비를 피하듯이 동굴로 들어갔습니다.

둘이 동굴로 들어가자 바로

"와, 나왔어!"

앞을 걷던 도모키가 외쳤습니다.

뭔가가 두 사람의 주위를 돌아다녔던 것입니다.

"와! 살려줘!"

히데오도 외쳤습니다.

"괜찮아. 박쥐 떼야."

도모키는 안정을 되찾으며 말했습니다.

둘은 마치 박쥐에게 이끌리기라도 하는 것처럼 아주 컴컴한 동굴 안을 헤쳐 나아갔습니다.

金属 きんぞく 금속
厚 あつい 두껍다

群 むれ 무리, 떼

導 みちびく 안내하다, 인도하다

「あっ、いたい！」

友喜が岩に頭をぶつけました。

「だんだん、あなが小さくなっていくぞ。」

友喜が言いました。

二人は、こしをかがめた姿勢を保って進んで行きました。

そのうち、向こうの方がぼんやりと明るく見えてきました。進むにつれて、だんだん明るさは増していき、あなの両側もぼんやり見える程になりました。

気をつけて見ると、両側に小さな人形のようなものがいくつも立っています。

「おい、これ仏像じゃあないか？」

友喜が言いました。

「本当だ。石をほった仏像だ。」

「なんだか気味が悪いなあ。」

「こわいよ。やっぱり引き返そうよ。」

と、英男が友喜の服を引っぱりました。

姿勢 しせい 자세   保 たもつ 유지하다   仏像 ぶつぞう 불상

"아이고, 아파라!"

도모키가 바위에 머리를 부딪쳤습니다.

"점점, 동굴이 작아져 가네."

도모키가 말했습니다.

둘은 허리를 굽힌 자세를 유지한 채 나아갔습니다.

멀지 않아 맞은편 쪽이 어렴풋이 밝게 보였습니다. 나아감에 따라 점점 밝기는 더해져

가서 동굴의 양쪽 다 어렴풋이 보일 정도가 되었습니다.

조심해서 살펴보니, 양쪽에 작은 인형과 같은 것이 몇 개나 서 있습니다.

"이봐, 이거 불상이잖아?"

도모키가 말했습니다.

"정말. 돌로 조각한 불상이네."

"왠지 기분이 나빠."

"무서워 죽겠어. 역시 돌아가자."

하고, 히데오가 도모키의 옷을 끌어당겼습니다.

友喜もこわいのですが、その気持ちとは**逆**に、体は前へ前へと進んで行きます。英男もつられるようにその後に続きます。

「わあ、何だあれは！」

　突然、友喜がさけびました。

「わあ、すごい！」

　二人の目の前に、小さな光の点が広がっていたのです。それはまるで夜空の銀河を見ているようでした。

「きっとあれが、〈夢の国〉だよ。」

「うん、まちがいない。」

　友喜は声をはずませました。

　と、その時です。二人は真っ白な雲に包まれてしまいました。

「わあ、どうしたんだ！」

　次の瞬間、体を何かで引っぱられるような感じがしました。

「ああ、気分が悪い。」

「何だか体がへんだ。」

　二人とも顔をゆがめました。

　しばらくすると、すうっと雲が消えて行きました。

　気が付くと、目の前に巨大な空間が広がっていました。

「あんな小さなあなが、急に広くなった。」

도모키도 무섭지만, 그 마음과는 반대로 몸은 앞으로 앞으로 나아갑니다. 히데오도 이끌리듯 그 뒤를 따라갑니다.

　"와, 저건 뭐야 !"

　갑자기 도모키가 외쳤습니다.

　"와, 굉장한 걸!"

　둘의 눈앞에 작은 빛의 점이 넓어지고 있었던 것입니다. 그건 마치 밤하늘의 은하를 보고 있는 것 같았습니다.

　"틀림없이 저게 '꿈의 나라' 야."

　"응, 틀림없어."

　도모키는 목소리가 들떴습니다.

　하고, 그 때입니다. 둘은 새하얀 구름에 휩싸이고 말았습니다.

　"와, 어찌된 일이지!"

　다음 순간 몸이 뭔가에 끌려가는 듯한 느낌이 들었습니다.

　"아, 속이 안 좋아."

　"왠지 몸이 이상해."

　둘 다 얼굴을 일그러뜨렸습니다.

　잠시 후, 쓱 구름이 사라져 갔습니다.

　정신을 차려보니 눈앞에 거대한 공간이 펼쳐져 있었습니다.

　"저런 작은 동굴이 갑자기 넓어졌어."

銀河 ぎんが 은하

英男がおどろいたように言いました。天じょうが見えないほどの高さになっていたのです。

「おどろいたなあ。あんな小さなあながこんな大きなあなに通じていたなんて。」

　友喜も信じられないといった顔で言いました。

　しかし、おどろくのはまだ早かったのです。次の角を曲がって、二人は目を丸くしました。それもそのはずです。そこには、新幹線が止まっていたのです。見ると、行き先が〈夢の国〉となっていました。

「ここは駅の構内だ。この列車は、さっき銀河のように見えた〈夢の国〉へ行くんだよ。」

　友喜が言いました。

　二人は、入り口にあった券売機で、百円の往復乗車券を買って列車に乗りました。すぐに列車は走り出しました。

「だれも乗っていないね。」

　英男が不安そうに言いました。

「ここまで来たら、もう引き返せないよ。それにたった百円で新幹線に乗れるなんて最高だ。」

　友喜は、うれしそうに言いました。

히데오가 놀란 듯이 말했습니다. 천장이 보이지 않을 정도의 높이로 되어 있었던 것입니다.

"놀랍군. 저런 작은 동굴이 이런 큰 동굴로 이어져 있다니."

도모키도 믿을 수 없다는 얼굴로 말했습니다.

그러나 놀라는 건 아직 일렀습니다. 다음의 모퉁이를 돌아서자 둘은 눈을 휘둥그렇게 떴습니다. 그것도 그럴 터입니다. 거기엔 신간선이 멈춰 있었던 것입니다. 보니 행선지가 '꿈의 나라'로 되어 있었습니다.

"여긴 역 구내야. 이 열차는 조금 전 은하처럼 보였던 '꿈의 나라'로 가는 거야."

도모키가 말했습니다.

둘은 입구에 있던 매표기에서 백 엔짜리 왕복승차권을 사서 열차를 탔습니다. 곧 열차는 달리기 시작했습니다.

"아무도 안 탔네."

히데오가 불안한 듯이 말했습니다.

"여기까지 오면 더 이상 되돌릴 수 없어. 게다가 단돈 백 엔으로 신간선을 탈 수 있다니 끝내주잖아."

도모키는 기쁜 듯이 말했습니다.

新幹線 しんかんせん 신간선　　券売機 けんばいき 매표기　　乗車券 じょうしゃけん 승차권
構内 こうない 구내　　往復 おうふく 왕복

第三章　これが〈夢の国〉

　五分ほど暗やみの中を走って、列車は止まりました。

「こんな所に、もう一つの世界があったんだ。」

　友喜がおどろいたように言いました。

「それにしても、夢のようだな。」

　英男も不思議そうに言いました。

　二人が駅の構内から出ると、一人の紳士がにこにこしながら近寄って来ました。

「こんにちは。〈夢の国〉へようこそ。わたしは、スズキと言います。初めてここへいらっしゃった人への案内係をしています。」

「ぼくは、友喜です。」

「ぼくは、英男です。二人とも五年生です。」

　二人は、おそるおそる名前を告げました。

「質問があるんですけど、いいですか。」

　友喜が言いました。

「どうぞ、どうぞ、何でも聞いてください。わたしは、あなた方の心の支えになるために仕事をしているのですから。」

「この国にとても興味があるんだけど、ちゃんと家へ帰れるか不安です。帰りたくなったら、帰れますか？」

제3장 이게 '꿈의 나라'

5분 정도 어둠 속을 달리다 열차는 멈췄습니다.

"이런 곳에 또 하나의 세계가 있었네."

도모키가 놀란 듯이 말했습니다.

"그건 그렇고, 꿈만 같아."

히데오도 이상한 듯이 말했습니다.

둘이 역 구내에서 나오자 한 신사가 싱글벙글거리면서 다가왔습니다.

"안녕하세요. '꿈의 나라'에 오신 걸 환영합니다. 전 스즈키라고 해요. 처음 여기에 오신 사람에 대한 안내 담당을 맡고 있어요.

"전 도모키에요."

"전 히데오에요. 둘 다 5학년이에요."

둘은 조심조심 이름을 말했습니다.

"질문이 있는데 괜찮나요."

도모키가 말했습니다.

"사양 말고 뭐든지 물어보세요. 전 당신들의 마음의 지주가 되기 위해 일을 하고 있으니까요."

"이 나라에 흥미가 많이 있지만, 제대로 집에 돌아갈 수 있을지 불안해요. 돌아가고 싶으면 돌아갈 수 있나요?"

近寄 ちかよ る 다가가다, 접근하다   質問 しつもん 질문   支 ささ え 받침, 버팀, 지주

「もちろん、それは**絶対**だいじょうぶです。この国に**適応**できそうになければ、お帰りになることもできます。じゃあ、一日体験コースにしましょう。」

「一日体験コースって、どういうことですか？」

今度は、英男（ひでお）がたずねました。

「ここでの生活をいろいろと**経験**してもらって、ここに**留**まって**永住**するか、それともあちらへもどるかをご自分で**判断**してもらうというコースです。何も心配することはありません。」

「ああ、よかった。それで安心しました。」

英男（ひでお）はほっとした**表情**で言いました。

「お金はいらないんですか？」

友喜（ともき）がたずねました。

「もちろん無料です。では、とにかく町を歩いてみましょう。歩きながら、この国についてわたしがくわしく説明いたします。」

二人は、スズキさんに、すっかり心を**許**していました。それは、スズキさんがとてもやさしそうだったし、どこか**担任**（たん）の先生にも**似**ていたからです。

絶対 ぜったい 절대
適応 てきおう 적응
経験 けいけん 경험

留とどまる 머무르다, 그치다
永住 えいじゅう 영주
表情 ひょうじょう 표정

許ゆるす 허가하다, 허용하다
担任 たんにん 담임
似にる 닮다, 비슷하다

"물론이죠, 그건 절대로 걱정하실 필요가 없답니다. 이 나라에 적응을 하지 못할 것 같으면 돌아가실 수도 있습니다. 그럼, 하루 체험코스로 하죠."

"하루 체험코스란 어떤 것인가요?"

이번엔 히데오가 물었습니다.

"여기에서의 생활을 여러모로 경험하여 여기에 머물러 영주할지 아니면 저쪽으로 돌아갈지를 스스로 판단하는 코스에요. 아무것도 걱정할 필요는 없어요."

"아, 다행이다. 그걸로 안심했어요."

히데오는 안도하는 표정으로 말했습니다.

"돈은 필요 없나요?"

도모키가 물었습니다.

"물론 무료에요. 그럼, 우선 시내를 걸어보죠. 걸으면서 이 나라에 대해 제가 자세히 설명 드릴게요."

둘은 스즈키 씨에게 완전히 마음을 허락하고 있었습니다. 그건 스즈키 씨가 매우 상냥했고, 어딘지 담임선생님과도 닮았기 때문입니다.

二人は、辺りをきょろきょろしながら歩きました。自分の国と比べて、すれちがう人や買い物をしている主婦たちの顔が生き生きしているような感じがしました。

「スズキさん。ここの人はみんな生き生きしているような気がするんですけど。」

　友喜が口を開きました。

「あははは。気が付きましたか。そうなんです。この国の人はみんな生き生きしています。原因ははっきりしているんです。」

「どんなわけがあるんですか？」

「みんな豊かだからですよ。」

「えっ。心が豊かだということですか？」

「もちろん、精神的な豊かさもですが、お金の面でも豊かなのです。国民はみんな、どんどん預金を増やし、財産をたくわえています。」

「なぜですか？」

「いろいろと複数の条件がそろっているからです。」

「条件って？」

「この国は、食料も資源も豊富なのです。それに、自然災害もありません。」

「あの、実は、ぼくたちパンしか食べてなくておなかがすいたんですけど…。」

둘은 주위를 두리번두리번 하면서 걸었습니다. 자기 나라와 비교해서 스쳐 지나가는 사람이나 쇼핑을 하고 있는 주부들의 얼굴이 생기가 넘치는 듯한 느낌이 들었습니다.

"스즈키 씨. 여기 사람은 모두 생기가 넘치는 듯한 느낌이 드는데."

도모키가 입을 열었습니다.

"아하하. 눈치 채셨나요? 맞아요. 이 나라 사람은 모두 생기가 넘치고 있어요. 원인은 확실해요."

"어떤 이유가 있나요?"

"모두 풍요롭기 때문이에요."

"엣, 마음이 여유롭다는 건가요?"

"물론 정신적인 풍요로움도 있지만, 금전 면에서도 풍요로워요. 모든 국민은 계속 예금을 늘려 재산을 저축하고 있어요."

"왜인가요?"

"여러모로 복수의 조건이 갖추어져 있기 때문이에요."

"조건이라니요?"

"이 나라는 식료도 자원도 풍부해요. 게다가 자연 재해도 없고요."

"저, 실은 저희들 빵밖에 먹지 못해 배가 고픈데요."

比 くらべる 비교하다. 겨루다　　精神 せいしん 정신　　条件 じょうけん 조건

主婦 しゅふ 주부　　預金 よきん 예금　　資源 しげん 자원

原因 げんいん 원인　　財産 ざいさん 재산　　豊富 ほうふ 풍부

豊 ゆたか 풍족함, 풍부함　　複数 ふくすう 복수　　災害 さいがい 재해

英男は、食べ物の話になって、がまんできなくなりました。

「承知しました。あそこに国営レストランがございます。あそこで食事をしながら、もう少しくわしくお話しましょう。」

「でも、ぼくたちあまりお金を持っていないんです。」

「だいじょうぶ。とても安いですから。」

　スズキさんは、こう言って、二人をレストランへ連れて行きました。

　三人は、ランチを注文して食べました。

　スズキさんは、食事をしながら、さらに講話を続けました。

「この国には、どの町にも資源を保護する組織があります。技術者たちは、それぞれの町に設けられた研究所で、資源を効率よく使う方法を研究しています。国民もみんな、ものを大切にするというこの考え方を基本にして生活しています。規則というわけではありませんが、ものを大切にするのは、個人の責任であり、国民の義務だと考えています。そして、これがこの国の常識になっているのです。」

　スズキさんは、こう言ってお茶を飲みました。

「さあ、出ましょう。これをレジに提出してください。」

「何ですか、このカードは？」

히데오는 먹는 이야기를 하자 참을 수 없게 되었습니다.

"알겠습니다. 저기에 국영 레스토랑이 있으니 저기에서 식사를 하면서 좀 더 상세히 말씀드리도록 하죠."

"하지만 저희들 별로 가진 돈이 없는데요."

"괜찮아요. 아주 싸니까."

스즈키 씨는 이렇게 말하며 둘을 레스토랑에 데려갔습니다.

셋은 점심을 주문하여 먹었습니다.

스즈키 씨는 식사를 하면서 이야기를 계속했습니다.

"이 나라엔 어느 마을에나 자원을 보호하는 조직이 있어요. 기술자들은 각 마을에 마련된 연구소에서 자원을 효율 있게 사용하는 방법을 연구하고 있어요. 모든 국민도 물건을 소중히 한다는 이 사고방식을 기본으로 하여 생활하고 있고요. 규칙은 아니지만 물건을 소중히 하는 것은 개인의 책임이며, 국민의 의무라고 생각하고 있어요. 그리고 이게 이 나라의 상식이 되어 있지요."

스즈키 씨는 이렇게 말하며 차를 마셨습니다.

"자, 나갑시다. 이걸 계산원에게 제출해 주세요."

"뭐에요, 이 카드는?"

承知 しょうち 알고 있음, 승낙함
国営 こくえい 국영
講話 こうわ 강화 (쉽게 풀어서 이야기함)
保護 ほご 보호
組織 そしき 조직

技術者 ぎじゅつしゃ 기술자
設 もうける 마련하다, 설치하다
効率 こうりつ 효율
基本 きほん 기본
規則 きそく 규칙
個人 こじん 개인

責任 せきにん 책임
義務 ぎむ 의무
常識 じょうしき 상식
提出 ていしゅつ 제출

英男がたずねると、

「これは、小学生ということを証明するカードです。これを出せば、半額になります。全国統一のカードです。」

二人は、レジで二十円はらって店を出ました。

「安くておいしかった。それにとても清潔な感じのレストランだったね。」

友喜はこのレストランを高く評価しました。

「そうです。非常に業績を上げています。前の店長が引退して、責任者が代わってから、これまで以上に接客態度が良くなったと評判です。」

「でも、こんなに安くて利益が上がるんですか？」

「材料を安く輸入するなど、この国の貿易がうまくいっているからだいじょうぶです。それに、あなたの国では、増税されることはあっても減税されることはほとんどないでしょう。でも、この国では、毎年、減税されているのです。」

「でも、一つよく理解できないことがあるのですが。」

友喜が言いました。

「何ですか？」

「資源を効率よく使う方法ってどんな方法ですか？」

スズキさんは、ちょっとこまった顔をしてから言いました。

히데오가 묻자,

"이건 초등학생이라는 것을 증명하는 카드예요. 이것을 내면, 50% 할인이 되요. 전국 통일 카드예요."

둘은 계산원에게 20엔을 지불하고 가게를 나왔습니다.

"싸고 맛있었어. 게다가 매우 청결한 느낌의 레스토랑이었어."

도모키는 이 레스토랑을 높게 평가했습니다.

"맞아요. 대단한 업적을 올리고 있어요. 전에 있던 점장이 은퇴하고 책임자가 바뀌고 나서, 지금 이상으로 접객 태도가 좋아졌다고 평판이 자자해요."

"하지만 이렇게 싼데 이익이 오르나요?"

"재료를 싸게 수입하는 등 이 나라의 무역이 잘 되고 있으니까 괜찮아요. 게다가 당신의 나라에선 증세되는 일은 있어도 감세되는 일은 거의 없잖아요. 하지만 이 나라에선 매년 감세되고 있어요."

"하지만, 한 가지 잘 이해가 안 되는 점이 있는데요."

도모키가 말했습니다.

"뭐죠?"

"자원을 효율 있게 사용하는 방법이란 어떤 방법인가요?"

스즈키 씨는 잠시 난처한 얼굴을 한 뒤 말했습니다.

証明 しょうめい 증명
半額 はんがく 반액
統一 とういつ 통일
清潔 せいけつ 청결
評価 ひょうか 평가
非常 ひじょう 비상, 보통이 아님

業績 ぎょうせき 업적
引退 いんたい 은퇴
責任 せきにん 책임
接客 せっきゃく 접객
評判 ひょうばん 평판
利益 りえき 이익

輸入 ゆにゅう 수입
貿易 ぼうえき 무역
増税 ぞうぜい 증세
減税 げんぜい 감세
理解 りかい 이해

「実は、人間を小型にする薬を開発したのです。」

「えっ! 人間を小型にする!」

「そうです。あなた方は今、約三十分の一の大きさになっています。」

「えっ! 何ですって! じゃあ、五センチもないってことですか? そう言えば、あの雲の所で気分が悪くなった時…。」

「その通り。あの雲には人間を小さくする**液**が**混**じっているのです。だからあそこが、あなた方の国とこの国の**境**、つまり**国境**だということです。」

二人は、これを聞いてがくがくふるえました。

「あっ! あの時、天じょうが高くなったと思ったのは、ぼくたちが小さくなっていたからか。」

「その通りです。あなた方が小さくなったからあなが大きくなったように見えたのです。」

「そうか、人間が小さくなれば、**領土**が少なくても、**資源**が少なくても豊かにくらせるわけだ。」

「そうです。それに、小さくなれば、**敵**を**武力**で**制圧**したり、**武力**で**防衛**したりするというような考え方はしなくなります。そして社会から**暴力**もなくなるのです。」

「ぼくたちは、もう元の大きさにもどれないんですか。」

<ruby>英男<rt>ひでお</rt></ruby>が泣きそうな声でたずねました。

"실은 인간을 소형으로 만드는 약을 개발했어요."

"엣! 인간을 소형으로 만든다고요!"

"맞아요. 당신들은 지금 약 30분의 1의 크기로 되어 있어요."

"엣! 뭐라고요! 그럼, 5센티도 안 된다는 건가요? 그리고 보니, 저 구름 있는 곳에서 속이 안 좋아졌을 때……."

"맞아요. 저 구름에는 인간을 작게 하는 액이 섞여 있어요. 그래서 저기가 당신들 나라와 이 나라의 경계, 즉 국경인 셈이죠."

둘은 이 이야기를 듣고 오들오들 떨렸습니다.

"앗! 그 때 천장이 높아졌다고 생각한 건 저희들이 작아졌기 때문인가요?"

"맞아요. 당신들이 작아졌기 때문에 동굴이 커진 것처럼 보인 거에요."

"그렇군. 인간이 작아지면 영토가 적어도 자원이 적어도 풍요롭게 지낼 수 있는 거군."

"맞아요. 게다가 작아지면 적을 무력으로 제압하거나 무력으로 방위하거나 하는 듯한 사고방식은 하지 않게 되죠. 그리고 사회에서 폭력도 사라지게 되요."

"저희들은 이제 원래 크기로 돌아갈 수 없나요?"

히데오가 울 듯한 목소리로 물었습니다.

液 えき 액, 액체
混 まじる 섞이다
境 さかい 경계, 갈림길
国境 こっきょう 국경

領土 りょうど 영토
敵 てき 적
武力 ぶりょく 무력
制圧 せいあつ 제압

防衛 ぼうえい 방위
暴力 ぼうりょく 폭력

「いや、いや、だいじょうぶです。もう一度あの雲の中に入れば、ちゃんと元にもどれますからご心配なく。」

スズキさんは、にこにこして言いました。

「ああよかった。スズキさん、感謝します。この恩は一生わすれません。」

英男は手を合わせておがむようなかっこうをしました。

「あはははは。わたしに礼を言うことはありません。おみやげにこの本を差し上げます。わたしが編集した本ですが、なかなか良い内容ですよ。」

スズキさんは、こう言って、二人に一さつずつ本を手わたしました。

それは、『夢の国の築き方』（夢の国出版）という本でした。

「この本には、どうしたらみんなが幸せに生きられるかということが述べてあります。ぜひ読んでみてください。決して読んで損をする本ではありません。」

スズキさんは、二人の肩をたたきながら言いました。

「それではこれで、一日体験コースを終わります。ありがとうございました。さようなら、お元気で。」

スズキさんは、こう言って、立ち去って行きました。

二人は何だか夢を見ているような気分で、また、新幹線に乗り、再びあなをぬけてもどって来ました。

"아니, 아니, 괜찮아요. 다시 한 번 저 구름 속으로 들어가면 틀림없이 원래대로 돌아갈 수 있으니까 걱정하지 마세요."

스즈키 씨는 싱글벙글거리며 말했습니다.

"아, 다행이다. 스즈키 씨 감사해요. 이 은혜는 평생 잊지 않겠어요."

히데오는 손을 모아 합장하는 듯한 모습을 취했습니다.

"아하하, 저에게 인사를 할 필요는 없어요. 선물로 이 책을 드릴게요. 제가 편집한 책인데 상당히 좋은 내용이에요."

스즈키 씨는 이렇게 말하며 둘에게 한 권 씩 책을 건넸습니다.

그건 『꿈의 나라를 구축하는 법』(꿈의 나라 출판)이라는 책이었습니다.

"이 책에는 어떻게 하면 모두가 행복하게 살아갈 수 있을까라는 내용이 서술되어 있어요. 꼭 읽어 봐 주세요. 결코 읽고 손해를 볼 책은 아니에요."

스즈키 씨는 둘의 어깨를 두드리면서 말했습니다.

"그럼 이것으로 하루 체험코스를 마치겠어요. 고마웠어요. 잘 가세요, 건강하시고요."

스즈키 씨는 이렇게 말하며 물러갔습니다.

둘은 왠지 꿈을 꾸고 있는 듯한 기분으로, 다시 신간선을 타고 동굴을 빠져나와 돌아왔습니다.

感謝 かんしゃ 감사　　　　　内容 ないよう 내용　　　　　述 のべる 말하다, 기술하다

恩 おん 은혜　　　　　　築 きずく 쌓다, 구축하다　　損 そん 손해

編集 へんしゅう 편집　　　出版 しゅっぱん 출판

「ただいま！」

「あら、お帰り。おそかったわね。」

お母さんがいつも通りむかえてくれました。

「お母さん、ぼくの体、朝と同じ大きさかな？」

「えっ！　ど、どういうこと？　当たり前でしょう。頭だいじょうぶ？」

お母さんは目を丸くして友喜を見つめました。

友喜は、そんなお母さんの心配など眼中に無いといった様子で、台所へ急ぎました。

それから、まだテーブルの上にあったカセットデッキをつかんで、いそいそと二階の自分の部屋へ上がりました。そして、窓際のいすにすわって、好きな音楽をかけました。

外を見ると、綿のような雪がちらちらふってきました。

「ああ、いい音だなあ。」

友喜は、静かにつぶやきながら、もらってきた本を開きました。

眼中 がんちゅう 안중　　　　　窓際 まどぎわ 창가　　　　　綿 わた 목화, 솜

"다녀왔습니다!"

"어머, 어서 오렴. 늦었구나."

엄마가 평소 그대로 맞이해 주었습니다.

"엄마, 제 몸, 아침과 같은 크기인가요?"

"엣! 무, 무슨 말이니? 당연하잖아. 머리 괜찮은 거니?"

엄마는 눈을 휘둥그렇게 뜨며 도모키를 바라봤습니다.

도모키는 그런 엄마의 걱정은 안중에 없다는 듯 부엌으로 서둘렀습니다.

그리고 아직 테이블 위에 있던 카세트 플레이어를 움켜쥐곤 부랴부랴 2층 자기 방으로 올라갔습니다. 그리고 창가 의자에 앉아 좋아하는 음악을 틀었습니다.

밖을 보니, 솜과 같은 눈이 팔랑팔랑 내려왔습니다.

"아, 좋은 소리인데."

도모키는 조용히 중얼거리면서 받아온 책을 펼쳤습니다.

5학년 종합신습한자

年賀状 연하장

破れる 찢어지다, 깨지다

布 직물, 포목

限界 한계

朝刊 조간

修理 수리

技師 기사, 기술자

職業 직업

検査 검사

習慣 습관

中国製 중국제

独り言 혼잣말

一銭 한 푼, 푼돈

価値 가치

舌 혀

旧式 구식

文句 트집, 불평

余る 남다

飼う (동물을) 기르다, 사육하다

肥える 살찌다, (땅이) 비옥해지다

道徳 도덕

政治家 정치가

事件 사건

事故 사고

情報 정보

準備 준비

久しぶり 오래간만

演じる (어떤 행동을) 하다

適当 적당

制服 제복

貸間 셋방

夢 꿈

招待 초대

興味 흥미

快く 기분 좋게, 즐겁게

賛成 찬성

示す 나타내 보이다, 가리키다

消防署 소방서

団地 단지

校舎 교사, 학교 건물

税務署 세무서

順序 순서

過ぎる 통과하다, 경과하다

省略 생략

墓地 묘지

予測 예측

確か 확실함, 정확함

素質 소질

墓 묘

先祖 선조, 조상

険しい 험하다, 위태롭다

禁止 금지

迷う 길을 잃다, 헤매다, 망설이다

逆 반대, 거꾸로임

改造 개조

一応 일단, 우선은

住居 주거

米俵 쌀섬

一俵 한 섬

耕す 경작하다

燃える (불) 타다, 피어오르다

事情 사정

移る 옮기다, 이동하다, 변하다

仮に 가령, 만일, 임시로

貧しい 가난하다, 부족하다

妻 아내, 처

罪 죄

犯す 어기다, 범하다

可能性 가능성

酸欠状態 산소 결핍 상태

額 이마

桜 벚꽃

再び 다시, 재차

雑木林 잡목림

枝 가지

性格 성격

意志 의지

程 정도

現在地 현 위치

判断 판단

災い 재난, 재액

弁当 도시락

均等 균등

勢い 기세, 힘, 기운

増す 많아지다, 늘다, 더하다

제2장

鉱山 광산

総合 종합

授業 수업

銅 동

採れる 채굴되다

張り上げる 소리지르다

金属 금속

厚い 두껍다

群れ 무리, 떼

導く 안내하다, 인도하다

姿勢 자세

保つ 유지하다

仏像 불상

銀河 은하

新幹線 신간선

構内 구내

券売機 매표기

往復 왕복

乗車券 승차권

제3장

近寄る 다가가다, 접근하다

質問 질문

支え 받침, 버팀, 지주

絶対 절대

適応 적응

経験 경험

留まる 머무르다, 그치다

永住 영주

表情 표정

許す 허가하다, 허용하다

担任 담임

似る 닮다, 비슷하다

比べる 비교하다, 겨루다

主婦 주부

原因 원인

豊か 풍족함, 풍부함

精神 정신

預金 예금

財産 재산

複数 복수	半額 반액	武力 무력
条件 조건	統一 통일	制圧 제압
資源 자원	清潔 청결	防衛 방위
豊富 풍부	評価 평가	暴力 폭력
災害 재해	非常 비상, 보통이 아님	感謝 감사
承知 알고 있음, 승낙함	業績 업적	恩 은혜
国営 국영	引退 은퇴	編集 편집
講話 강화	接客 접객	内容 내용
保護 보호	評判 평판	築く 쌓다, 구축하다
組織 조직	利益 이익	出版 출판
技術者 기술자	輸入 수입	述べる 말하다, 기술하다
設ける 마련하다, 설치하다	貿易 무역	損 손해
効率 효율	増税 증세	眼中 안중
基本 기본	減税 감세	窓際 창가
規則 규칙	理解 이해	綿 목화, 솜
個人 개인	液 액, 액체	
責任 책임	混じる 섞이다	
義務 의무	境 경계, 갈림길	
常識 상식	国境 국경	
提出 제출	領土 영토	
証明 증명	敵 적	

TIP 직업 관련 일본어 표현

アナウンサー 아나운서	作家 さっか 작가
医者 いしゃ 의사	詩人 しじん 시인
運転手 うんてんしゅ 운전수	実業家 じつぎょうか 실업가
演奏家 えんそうか 연주가	小説家 しょうせつか 소설가
会社員 かいしゃいん 회사원	スチュワーデス 스튜어디스
画家 がか 화가	設計士 せっけいし 설계사
歌手 かしゅ 가수	先生 せんせい 선생
看護婦 かんごふ 간호사	操縦士 そうじゅうし 조종사
監督 かんとく 감독	タレント 탤런트
記者 きしゃ 기자	デザイナー 디자이너
教授 きょうじゅ 교수	電気技師 でんきぎし 전기기사
教師 きょうし 교사	農夫 のうふ 농부
銀行員 ぎんこういん 은행원	俳優 はいゆう 배우
警備員 けいびいん 경비원	パイロット 파일럿
芸能人 げいのうじん 연예인	美容師 びようし 미용사
検事 けんじ 검사	プロデューサー 프로듀서
建築家 けんちくか 건축가	弁護士 べんごし 변호사
公務員 こうむいん 공무원	牧師 ぼくし 목사
国会議員 こっかいぎいん 국회의원	モデル 모델
コック 요리사	薬剤師 やくざいし 약사
コメディアン 코미디언	

6학년
한자 191자

パラレル
ワールド

패럴렐 월드 (異차원 세계)

第一章 たいくつなお正月

冬休みも半分以上過ぎて、今日はもう正月の二日になってしまいました。

「ああ、たいくつだ。何かおもしろいことないかなあ。」

宗助は、冷蔵庫にあった牛乳を飲みながら、テレビのスイッチを入れました。

「新春スポーツスペシャル白根駅伝は、サッパリビールの提供でお送りします。」

アナウンサーの声と共に、選手たちの走る姿が画面に映りました。

「この寒いのによくやるよ。」

宗助は、つぶやきながらチャンネルをかえました。

「皇居で一般参賀◆が行われ、天皇、皇后両陛下が…。」

「ちぇっ。ニュースか。」

すぐにチャンネルをかえると、今度は、クラシックを演奏をする奏者と指揮者の顔がアップで映りました。

「もう、おもしろくない。」

「今年の参拝者はいつもの年より多いようです。」

「また、ニュースか。」

제1장 지루한 정월

겨울방학도 절반 이상 지나 오늘은 정월 초이튿날이 되고 말았습니다.

"아, 지루해. 뭔가 재미있는 일 없을까?"

소스케는 냉장고에 있던 우유를 마시면서 텔레비전 스위치를 켰습니다.

"신춘 스포츠 스페셜 하쿠네 역전(白根駅伝)은 삽파리 맥주 제공으로 보내드립니다."

아나운서 소리와 함께 선수들이 달리는 모습이 화면에 비쳤습니다.

"이렇게 추운데 잘도 달리네."

소스케는 중얼거리면서 채널을 바꿨습니다.

"천황이 거처하는 곳에서 일반 참하(参賀)*가 이루어져, 천황, 황후 양 폐하가……."

"쳇, 뉴스군."

바로 채널을 바꾸자 이번에는 클래식을 연주하는 연주자와 지휘자의 얼굴이 클로즈업 되어 비쳤습니다.

"정말 재미없군."

"올해의 참배자는 여느 해보다 많은 것 같습니다."

"또, 뉴스야."

◆ **参賀** さんが 참하. (특히 새해에) 궁중에 가서 축하의 말이나 글을 올림

冷蔵庫 れいぞうこ 냉장고	**皇居** こうきょ 천황이 거처하는 곳	**奏者** そうしゃ 연주자
牛乳 ぎゅうにゅう 우유	**天皇** てんのう 천황	**指揮** しき 지휘
提供 ていきょう 제공	**皇后** こうごう 황후	**参拝者** さんぱいしゃ 참배자
姿 すがた 몸매, 옷차림	**両陛下** りょうへいか 양 폐하	
映 うつる 비치다	**演奏** えんそう 연주	

チャンネルをかえると、見たこともない**俳優**たちが声を張り上げているのが**映り**ました。

「**歌劇**なんて興味ないよ。ああ、正月番組ってなんてつまらないんだ。」

宗助（そうすけ）は、テレビのスイッチを切って、こたつ◆に入りました。

春から中学生だというのに、宗助（そうすけ）は何も興味がなく、この冬休みも、だらだらと過ごしていました。

〈**将来**の夢〉を書くことになっている**一枚**の**短冊**を**裏返**して、宗助（そうすけ）はこたつにもぐりました。こたつでうとうとしていると、

「宗助（そうすけ）、ちょっとおいで、話したいことがあるんだ。」と、お父さんに**呼**ばれました。

「もう、せっかくねていたのに。」

宗助（そうすけ）は、ぶつぶつ言いながらお父さんの部屋へ行きました。

「お前のおじさんのことだけど。」

お父さんは、読んでいた**雑誌**を置いて、いきなりこんな話を始めました。

◆ 火燵 こたつ 각로. 일본의 실내 난방 장치의 하나

俳優 はいゆう 배우　　　　**一枚** いちまい 한 장　　　**裏返** うらがえ**す** 뒤집다
歌劇 かげき 가극　　　　　**短冊** たんざく 글씨를 쓰거나 표시로　**呼**ょ**ぶ** 부르다
将来 しょうらい 장래　　　物건에 붙이거나 하는 가느다란 종이　**雑誌** ざっし 잡지

182

채널을 바꾸자 본 적도 없는 배우들이 소리를 지르고 있는 모습이 비쳤습니다.

"가극 따위 흥미 없어. 아, 설 프로그램은 왜 이리 재미없는 거지."

소스케는 텔레비전 스위치를 끄고 고타츠(火燵)＊에 들어갔습니다.

봄부터 중학생인데 소스케는 조금도 흥미가 없이 올 겨울방학도 지루하게 보내고 있었습니다.

'장래의 꿈'에 대해 쓰게 되어 있는 한 장의 가느다란 종이(短册)를 뒤집으며 소스케는 고타츠에 기어들어갔습니다. 고타츠에서 꾸벅꾸벅 졸고 있자니,

"소스케, 얘기하고 싶은 게 있으니 좀 와보렴."

하고, 아버지가 불렀습니다.

"정말, 모처럼 자고 있었는데."

소스케는 투덜투덜 거리며 아빠 방으로 갔습니다.

"네 삼촌에 대해서 말인데."

아빠는 읽고 있던 잡지를 놓으며 갑자기 이런 얘기를 시작했습니다.

「お父さんがまだ小さかった時、去年亡くなったおじいちゃんから**宇宙**の話を聞いたことがあるんだ。弟といっしょにな。」

「えっ、**宇宙の話**。」

宗助は、ちょっと目線を上げてお父さんの顔を見ました。

「それから飛行機に興味を持ったのを覚えている。**宇宙**飛行士になりたいという夢を持ったこともある。もちろん、そんな夢はかなわず、今の会社に**就**職したんだが、お父さんの弟は、**幼**いころからのその夢を**捨**てずに今も持ち続けているんだよ。」

お父さんは、こう言うと、**灰皿**を引き寄せて、**吸**っていたたばこの**灰**を落としました。

「えっ。お父さんの弟って、ひろしおじさんのことだね。」

「そうだよ。」

「ロケットに乗っているの。」

「いや、ロケットじゃあないが、小型飛行機を**操縦**しているんだ。」

「えっ！パイロット？」

「パイロットでもないんだが、会社の仕事でよく飛行機に乗っているそうだ。」

「ふうん。すごいね。」

"아빠가 아직 어렸을 때, 작년에 돌아가신 할아버지로부터 우주 이야기를 들은 적이 있단다. 동생과 함께 말야."

"엣, 우주 이야기."

소스케는 잠시 시선을 들어 아빠 얼굴을 봤습니다.

"그리고 비행기에 흥미를 가진 것을 기억하고 있어. 우주비행사가 되고 싶다고 하는 꿈을 가진 적도 있어. 물론 그런 꿈은 이뤄지지 않아 지금 회사에 취직했지만, 아빠 동생은 어렸을 때부터 그 꿈을 버리지 않고 지금도 계속 가지고 있단다."

아빠는 이렇게 말하더니 재떨이를 끌어당겨 피우고 있던 담뱃재를 털었습니다.

"엣, 아빠의 동생이라고 하면 히로시 삼촌 말인가요."

"그래 맞아."

"로켓을 타고 있는 거예요."

"아니, 로켓이 아니라 소형비행기를 조종하고 있어."

"엣! 파일럿!"

"파일럿도 아니지만 회사 일로 자주 비행기를 타고 있단다."

"흠, 대단한 걸."

亡 なくなる 돌아가시다, 죽다
宇宙 うちゅう 우주
就職 しゅうしょく 취직

幼 おさない 어리다, 미숙하다, 유치하다
捨 すてる 버리다

灰皿 はいざら 재떨이
吸 すう 빨다, 흡수하다
操縦 そうじゅう 조종

「実は、明日、九州へ行く用事ができたから、お前を乗せてやろうかというメールが届いたんだ。昨年の暮れから延期になっていたそうだ。」

「えっ！ それ本当？」

「本当だよ。どうだ。乗ってみるか。」

「もちろん、乗る、乗る。やったあ！」

宗助は、大喜びしました。

「でも、お母さんは心配性だから、秘密にしておこう。いいな。」

「うん、わかった。」

宗助は元気よく返事をしました。

その晩は、なかなかねむれませんでした。

第二章 はじめての飛行機

翌朝、宗助は、早起きをしてさっさと顔を洗い、胸をわくわくさせながらひろしおじさんが訪ねてくるのを待ちました。

約束の時刻を少し過ぎたころ、おじさんはやって来ました。すぐに、いっしょに車で自宅を出て、飛行場まで行きました。

車から降りると、二人は街路樹に沿って並んで歩いて行きました。

"실은 내일 규슈에 갈 일이 생겼기에 너를 태워 줄까라고 하는 메일이 왔어. 작년 말부터 연기가 되어 있었다고 해."

"엣! 지금 한 말 정말이야?"

"정말이란다. 어때. 타 볼래."

"물론. 타, 타고 말고요. 앗싸!"

소스케는 매우 기뻐했습니다.

"하지만, 엄마는 걱정하는 성격이니까 비밀로 해두자꾸나. 알겠니?"

"응, 알았어."

소스케는 힘차게 대답을 했습니다.

그날 밤은 좀처럼 잠을 이루지 못했습니다.

제2장 첫 비행기

다음 날 아침, 소스케는 일찍 일어나 재빨리 얼굴을 씻고, 가슴 설레며 히로시 삼촌이 방문하기를 기다렸습니다.

약속 시각을 조금 지났을 무렵 삼촌은 찾아왔습니다. 바로 함께 차로 자택을 나와 비행장까지 갔습니다.

차에서 내리자 둘은 가로수를 따라 나란히 걸어갔습니다.

届 とどく 도착하다. 이루어지다. 두루 미치다

暮 くれ 해질 무렵, 계절의 끝 무렵

延期 えんき 연기

秘密 ひみつ 비밀

晩 ばん 저녁 밤

翌朝 よくあさ 다음날 아침

洗 あらう 씻다

胸 むね 가슴

訪 たずねる 방문하다

時刻 じこく 시각

自宅 じたく 자택

降 おりる 내려가다. (탈것 등에서) 내리다

街路樹 がいろじゅ 가로수

沿 そう 따르다

並 ならぶ 줄을 서다. 필적하다

しばらくして、〈アイリ株式会社〉という文字のついた飛行機が見えてきました。

「あの飛行機ですか？」

　宗助は、興奮した声でたずねました。

「うん、おれの勤務している会社の専用機だ。でも許可さえ取れば私用でも使えるんだ。」

　それから、おじさんは、燃料を補給しました。それが終わると、いろいろな装備を点検して、ゆっくり操縦席に座りました。

　宗助も、おそるおそるとなりの席に座りました。

　昨日はあんなに楽しみだったのに、いざ乗るとなると、なんだか不安になってきました。

「危なくないですよね。」

　宗助が小さい声でたずねました。

「こわいか？」

「はい、ちょっと。」

「じゃあ、深呼吸しろ。」

　おじさんは、肩をたたきながらそう言って、シートベルトをしました。それから、ドアが閉まっているのを確認して、ちょっと背骨を伸ばすような格好をしてから操縦を始めました。

잠시 후 '아이리 주식회사' 라고 하는 글씨가 새겨진 비행기가 보였습니다.

"저 비행기인가요."

소스케는 흥분된 목소리로 물었습니다.

"응, 내가 근무하고 있는 회사 전용기야. 하지만 허가만 받으면 개인적으로도 사용할 수 있어."

그리고 삼촌은 연료를 보급했습니다. 그게 끝나자 여러 장비를 점검한 뒤 천천히 조정석에 앉았습니다.

소스케도 조심조심 옆 자리에 앉았습니다.

어제는 그렇게 기대했는데 막상 타려고 하니 왠지 불안해졌습니다.

"위험하진 않죠."

소스케가 작은 소리로 물었습니다.

"무섭니?"

"예, 좀."

"그럼, 심호흡을 하렴."

삼촌은 어깨를 두드리면서 그렇게 말하고 안전벨트를 맸습니다. 그리고 문이 닫혀 있는 것을 확인하고 잠시 등을 펴는 시늉을 한 뒤 조종을 시작했습니다.

株式会社 かぶしきがいしゃ 주식회사
興奮 こうふん 흥분
勤務 きんむ 근무
専用 せんよう 전용
私用 しよう 사적인 볼일

補給 ほきゅう 보급
装備 そうび 장비
座 すわる 앉다
危 あぶ ない 위험하다, 미덥지 않다
深呼吸 しんこきゅう 심호흡

閉 しめる 닫다
確認 かくにん 확인
背骨 せぼね 등뼈, 척주

ゴーという大きな音がして、機体が動き出しました。それから、どんどんスピードを増して、すうっとうかび上がりました。後ろのシートに押しつけられるように体がかたむきました。気が付くと、窓のずっと下の方に道路や川が小さく見えました。

「わあ！　もうこんなに高く上がった！」

　宗助は、興奮のあまり、ほほを少し紅潮させてさけびました。

　やがて、水平飛行に移りました。ずっと前方に赤く染まった不気味な雲が見えました。

「本日は、天気もまずまずだし、乱気流もございません。空からのすばらしい景色を存分にご覧ください。」

　おじさんは、ちょっとふざけて、朗らかな声で言いました。それを聞いて、宗助も、ほっとしました。そしてさっきまでの不安な気持ちがなくなり、楽しい気分になってきました。

「ところで宗助。お前、何才になったんだ？」

「十二月三十日の誕生日で十二才になりました。」

「じゃあ、四月から中学生か。」

「はい、そうです。」

「将来どんな道に進みたいんだ？」

「それがまだ…。」

「なんだまだ考えていないのか。」

190

'기이이잉' 이라는 커다란 소리가 나자 기체가 움직이기 시작했습니다. 그리고 점점 스피드를 내어 쓱 떠올랐습니다. 뒷자리에 밀리듯이 몸이 기울었습니다. 정신을 차려보니 창문의 훨씬 아래쪽에 도로와 강이 작게 보였습니다.

"와! 벌써 이렇게 높이 올랐어!"

소스케는 흥분한 나머지 볼을 조금 붉히며 외쳤습니다.

곧 수평 비행으로 전환했습니다. 훨씬 전방에 붉게 물든 어쩐지 으스스한 구름이 보였습니다.

"오늘은 날씨도 양호하고 난기류도 없습니다. 하늘에서의 멋진 경치를 마음껏 즐겨 주세요."

삼촌은 좀 장난스럽게 명랑한 소리로 말했습니다. 그 말을 듣고 소스케도 안심했습니다. 그리고 조금 전까지 불안한 마음이 사라지고 즐거운 기분이 되었습니다.

"그런데 소스케. 너 몇 살이 됐니?"

"12월 30일 생일로 12살이 됐어요."

"그럼, 4월부터 중학생이니."

"예, 맞아요."

"장래 어떤 길로 나아가고 싶니?"

"그게 아직……."

"뭐야, 아직 생각 못했니?"

窓 まど 창문, 창
紅潮 こうちょう 얼굴이 붉어짐
染 そめる 물들이다, 염색하다

乱気流 らんきりゅう 난기류
存分 ぞんぶん 마음껏
ご覧 らん 보심

朗 ほがらか 명랑한 모양, 날씨가
쾌청한 모양
誕生日 たんじょうび 생일

「いや、年末に、学校で**班**ごとにそれぞれの夢について**討論**したところです。**担任**の先生の話も聞いたり…。」

「ああそうか。」

「はい、みんなの夢を聞いて、いろいろ**探**しているところなんです。」

宗助は、自分に夢がないことがはずかしくて、言い**訳**をしました。

「お前の家の**蔵**のとなりに大きな倉庫があるだろう。あそこは、おれたち兄弟の遊び場だったんだ。ずっと昔は蚕を飼っていたそうだけどね。**卵**形のまゆから**純白**の**絹**をとっていたんだ。その倉庫に、昔使っていた足ぶみ式の脱**穀**機があって、それでよく遊んだのを覚えているよ。中学生になると、**模型飛行機**を作ったり、**机**も作ったりした。そのうちベッドがほしくなってベッドも作ったことがある。とにかく、ほしい物は何でも**創**り出したんだ。そんなことをしながら、お前のお父さんと**将来の夢**を話したものさ。発明家になろうかなんて言ったり、大工がおもしろそうだなんて言ったりね。ああ、**警察**になって**泥棒**をつかまえるんだと言って、**筋力**トレーニングをしたりしたこともあるぞ。あははは。おもしろかったなあ。」

おじさんは、子どものころを思い出して、なつかしそうに、こんな話をしました。

"아니, 연말에 학교에서 반마다 각각 꿈에 대해 막 토론 했어요. 담임선생님 얘기도 듣기도 하고……."

"아, 그러니."

"예, 모두의 꿈을 듣고 여러모로 찾고 있는 중이에요."

소스케는 자신에게 꿈이 없는 것이 부끄러워서 변명을 했습니다.

"너희 집 곳간 옆에 큰 창고가 있지. 거긴 우리들 형제의 놀이터였단다. 훨씬 옛날엔 누에를 기르고 있었다고 하는데. 계란형의 누에고치에서 순백의 비단을 얻고 있었어. 그 창고에 옛날 사용하던 발로 밟는 식의 탈곡기가 있는데, 그걸로 자주 놀았던 것을 기억하고 있어. 중학생이 되자 모형비행기를 만들기도, 책상을 만들기도 했어. 멀지 않아 침대가 갖고 싶어져 침대도 만든 적이 있어. 아무튼 갖고 싶은 것은 뭐든지 만들어 냈단다. 그런 걸 하면서 네 아버지와 장래의 꿈을 얘기하곤 했어. 발명가가 될까라고 말하기도, 목수가 재밌을 것 같은데라고 말하기도 하면서 말야. 아 참, 경찰이 되어 도둑을 붙잡을 거라고 하며, 근육 트레이닝을 하거나 한 적도 있어. 으하하. 정말 재밌었어."

삼촌은 어린 시절을 떠올리며 그리운 듯이 이런 얘기를 했습니다.

班 はん 반
討論 とうろん 토론
担任 たんにん 담임
探 さがす 찾다
言い訳 いいわけ 변명
蔵 くら 창고

蚕 かいこ 누에
卵形 たまごがた 계란형
純白 じゅんぱく 순백
絹 きぬ 비단
脱穀 だっこく 탈곡
模型 もけい 모형

机 つくえ 책상
創 つくる 만들다
警察 けいさつ 경찰
泥棒 どろぼう 도둑
筋力 きんりょく 근력

「ああ、そうそう。去年亡くなったお前のおじいちゃんは、病気じゃなく、事故だったそうじゃないか。」

おじさんが、思い出したように言いました。

「はい、そうです。トイレでこけて骨が折れて、その折れた骨が肺にささったんです。何週間も激痛が続いて、お母さんとお父さんがつきっきりで看病しました。でもだめでした。」

「そうか。親父は仁徳のある人だった。おれはあんまり親孝行できなかったけど…。それにしても、ほんのちょっとした事故が死に至るような大事故につながるものだな。気をつけないとな。」

おじさんは、自分に言い聞かせるように言いました。

その時、突然視界が悪くなりました。水蒸気がもくもくと機体を包み、雲が何層にも重なって幕のように行く手をさえぎりました。

「おじさんだいじょぶですか。何だか急に暗くなったけど。」

宗助は不安そうに言いました。

「ちょっとゆれるけど、心配するな。」

おじさんの言葉が終わらないうちに、機体がガタガタとゆれ始めました。そして、ピカッと激しい光に目がくらみました。次の瞬間、機体が大きく前にかたむき、ほとんど垂直に下降し始めました。腹がぎゅうとしめつけられ、内臓がえぐられるような感じがしました。

"아, 그래 맞아. 작년에 돌아가신 할아버지는 병이 아니라 사고였다면서?"

삼촌이 생각이 난 듯이 말했습니다.

"예, 맞아요. 화장실에서 넘어져 뼈가 부러져 그 부러진 뼈가 폐를 찔렀어요. 몇 주일이나 심한 통증이 이어져, 어머니와 아버지가 붙어서 간병을 했어요. 하지만 소용없었어요."

"그랬니. 네 아버지는 인덕이 있는 사람이었어. 난 그다지 부모에게 효도를 하지 못했지만……. 그건 그렇고, 아주 자그마한 사고가 죽음에 이르는 큰 사고로 이어지는 법이군. 조심해야 되겠어."

삼촌은 자기 자신에게 타이르듯이 말했습니다.

그 때 갑자기 시야가 나빠졌습니다. 수증기가 뭉게뭉게 기체를 감싸고, 구름이 몇 겹이나 겹쳐 막처럼 앞길을 가로막았습니다.

"삼촌 괜찮나요. 왠지 갑자기 어두워졌는데."

소스케는 불안한 듯이 말했습니다.

"좀 흔들리지만, 걱정하지 마."

삼촌의 말이 끝나기 전에 기체가 덜컹덜컹 흔들리기 시작했습니다. 그리고 번쩍하고 강렬한 빛에 현기증이 났습니다. 다음 순간, 기체가 크게 앞으로 기울어져 거의 수직으로 하강하기 시작했습니다. 배가 꽉 죄어져 내장이 에어지는 듯한 느낌이 들었습니다.

骨 ほね 뼈
肺 はい 폐
激痛 げきつう 심한 통증
看病 かんびょう 간병
仁徳 じんとく 인덕
親孝行 おやこうこう 효도(함), 효행

至 いたる 다다르다, 도달하다, 되다
視界 しかい 시야
水蒸気 すいじょうき 수증기
層 そう 층
幕 まく 막
激 はげしい 심하다, 세차다, 격렬하다

垂直 すいちょく 수직
下降 かこう 하강
腹 はら 배
内蔵 ないぞう 내장

「わあ、助けて！ 苦しい！」

宗助(そうすけ)は、さけびました。

機体は、きりもみ状態◆になる寸前に、水平飛行にもどりました。おじさんの熟練した操縦によって、困難な事態をみごとに切りぬけたのです。

「ああ、こわかった。」

宗助(そうすけ)はふるえながら言いました。だんだん雲が晴れて、周りが見えるようになりました。

ところが、おじさんはとても厳しい顔をしています。さっきから、いろんな計器の針を見ているのですが、どうも納得いかなかったのです。

「ライフジャケットを着けろ。計器がすべて誤作動している。磁気コンパスもめちゃくちゃで方向がわからない。こんなことは初めてだ。まるで穴にでもすいこまれている感じだ。」

おじさんが早口で言いました。

「このまま落ちてしまうかもしれない。」こんな思いが宗助(そうすけ)の脳裏をかすめました。

◆ きりもみ状態(じょうたい) 비행기가 고장으로 인해 기수를 아래로 하고 나선형을 그리며 떨어지는 일

寸前 すんぜん 직전
熟練 じゅくれん 숙련
困難 こんなん 곤란
厳 きびしい 엄하다, 험하다

針 はり 바늘
納得 なっとく 납득
誤作動 ごさどう 오작동
磁気 じき 자기

穴 あな 구멍, 동굴
脳裏 のうり 뇌리

"우와, 살려줘요! 고통스러워요!"

소스케는 외쳤습니다.

기체는 나사선*을 그리며 떨어지기 직전에 수평비행으로 돌렸습니다. 삼촌의 숙련된 조종으로 곤란한 사태를 멋지게 극복했던 것입니다.

"아, 무서워 죽는 줄 알았네."

소스케는 떨면서 말했습니다. 점점 구름이 개고 주위가 보이게 되었습니다.

그러나 삼촌은 매우 심각한 표정을 짓고 있습니다. 조금 전부터 여러 계기 바늘을 보고 있습니다만, 아무래도 납득이 가지 않았던 것입니다.

"구명조끼를 입거라. 계기가 모두 오작동하고 있어. 자기 컴퍼스도 망가져 방향을 모르겠어. 이런 일은 처음이야. 마치 구멍에라도 빨려가고 있는 느낌이야."

삼촌이 빠른 말로 말했습니다.

"이대로 떨어져 버릴지도 몰라." 이런 생각이 소스케의 뇌리를 스쳐 지나갔습니다.

「とにかく、どこか広い場所を見つけて着陸するしかない。」

おじさんは、こう言って、高度を下げ始めました。

「頭を前にふせろ。」

宗助は、おじさんの命令に**従って**、頭をふせました。

「さあ、**降りるぞ。**」

おじさんがさけぶと、ガタガタと機体がゆれはじめ、ものすごい**砂**ぼこりが上がりました。

「神様お願いです。助けてください！」

宗助は頭をふせたままいのりました。ようやく、飛行機は停止しました。

「ああ、助かった。」

宗助が言うと、おじさんは、

「どうだ。たいしたものだろう。いや、**自己**満足かな。」

と言って笑いました。

「それにしても、ここはどこなんですか。」

「それがさっぱりわからん。広島県の北部上空を飛んでいたはずなんだが…。」

おじさんは不思議そうに言いました。

宗助も地図の**縮尺**を手がかりにだいたいの位置を**推測**してみました。

"아무튼 어딘가 넓은 장소를 찾아 착륙할 수밖에 없어."

삼촌은 이렇게 말하며 고도를 낮추기 시작했습니다.

"머리를 앞으로 숙여."

소스케는 삼촌의 명령에 따라 머리를 숙였습니다.

"그럼, 내려간다."

삼촌이 외치자, 덜컹덜컹 기체가 흔들리기 시작하며 굉장한 모래먼지가 일어났습니다.

"신이시여! 부탁입니다. 살려 주세요!"

소스케는 머리를 숙인 채 빌었습니다. 간신히 비행기는 정지했습니다.

"휴~, 가까스로 살아났네."

소스케가 말하자, 삼촌은

"어때, 대단한 솜씨지. 아니, 자기만족인가?"

라고 하며 웃었습니다.

"그건 그렇고, 여기는 어딘가요?"

"그게 전혀 모르겠어. 히로시마 현의 북부 상공을 날고 있었는데 말야."

삼촌은 이상한 듯이 말했습니다.

소스케도 지도의 축척 비율을 단서로 대강의 위치를 추측해 봤습니다.

従 したが う 따르다, 순종하다   自己 じこ 자기   推測 すいそく 추측
砂 すな 모래   縮尺 しゅくしゃく 축척, 축척 비율

おじさんは地図を指差して、

「おそらくこの区域にいるはずなんだが…。」

と言って考えこみました。それから、

「まあ、とにかく、無事着陸できたんだから、ちょっと腹ごしらえをしよう。」

こう言うと、バッグの中を探しておにぎりと魚の干物を取り出しました。

「おっと、その前に、これを…。」

おじさんは、今度は小さなケースを取り出しました。

「二年ほど前に、医者から糖尿病だと宣告されてね。それ以来、食事の前には血糖値を下げるインスリン注射をしなければならないんだよ。」

こう言いながら、片腕のそでを巻き上げて、注射を始めました。

「最初は、もたもたしたけど、今じゃあもうすっかり慣れて、簡単に処置できるようになったよ。」

おじさんは、こう言って、注射器を元のケースへ収めました。

第三章　知らない町

簡単な食事を済ませると、二人は、外に出てみました。

「わあ、暖かい！」

삼촌은 지도를 가리키며,

"아마 이 구역에 있을 텐데……."

라고 하며 생각에 잠겼습니다. 그리고

"뭐 아무튼 무사히 착륙했으니까 좀 배를 채우기로 하자."

이렇게 말하며 가방 안을 뒤져 주먹밥과 건어물을 꺼냈습니다.

"아차, 그 전에 이걸……."

삼촌은 이번엔 작은 상자를 꺼냈습니다.

"2년 정도 전에 의사로부터 당뇨병이라고 진단을 받아서 말야. 그 이후, 식사 전에는 혈당치를 낮추는 인슐린 주사를 맞아야 해."

이렇게 말하면서, 한쪽 팔의 소매를 걷어붙이고는 주사를 놓기 시작했습니다.

"처음에는 우물쭈물 거렸지만, 지금은 이제 완전히 익숙해져 간단히 처치할 수 있게 되었어."

삼촌은 이렇게 말하며 주사기를 원래 상자에 수납했습니다.

제3장 모르는 도시

간단한 식사를 마치자 둘은 밖에 나가 봤습니다.

"우와! 따뜻하다!"

区域 くいき 구역
干物 ひもの 건어물, 포
糖尿病 とうにょうびょう 당뇨병
宣告 せんこく 선고
血糖値 けっとうち 혈당치

注射 ちゅうしゃ 주사
片腕 かたうで 한쪽 팔
巻き上げる まきあげる 감아 올리다, 갈취하다
簡単 かんたん 간단

処置 しょち 처치
収める おさめる (결과를) 얻다, 거두다
済ます すます 끝내다, 때우다
暖かい あたたかい 따뜻하다

宗助は思わずさけびました。一月だというのに、春のような暖
かさです。

「これは一体どういうことだ。」

　おじさんも不思議そうな声を上げました。それから、小高い山
を指さして言いました。

「あの山の頂上へ上がってみよう。何かわかるかもしれない。」

　二人は、砂を盛り上げたような山をかけ登りました。小さな山
でしたがかなり遠くまで展望できました。

「宗助、あれを見ろ。」

「あれは、町じゃないの？」

「そうだ。あんな所に町がある。行ってみよう。」

　二人は、山をかけ降りて、町の方向へ向かって歩き出しました。
しばらく行くと、小さな泉を見つけました。

「おっ、ちょうどよかった。さっきの着陸の時、すりむいたら
しいんだ。」

　おじさんは、ズボンのすそをたぐり上げて、ひざの傷を洗いま
した。それから二人は、泉の水でのどをうるおしました。

「ああ、うまい。まさに力の源泉だ。」

　おじさんは、自分をはげますように言いました。それからまた、
町へと歩き出しました。

소스케는 저도 모르게 그만 소리를 질렀습니다. 1월이라고 하는데 봄과 같은 따뜻함입니다.

"이게 도대체 어찌된 일이지."

삼촌도 이상한 듯한 소리를 질렀습니다. 그리고 조금 높은 산을 가리키며 말했습니다.

"저 산의 정상에 올라가 보자. 뭔가 알 수 있을지도 몰라."

둘은 모래를 쌓아 높인 듯한 산을 뛰어올라갔습니다. 작은 산이었습니다만 꽤 멀리까지 전망할 수 있었습니다.

"소스케, 저걸 봐."

"저건 도시가 아닌가요?"

"맞아. 저런 곳에 도시가 있네. 가 보자꾸나."

둘은 산을 뛰어내려와 도시가 있는 방향을 향해 걷기 시작했습니다. 잠시 가자 작은 샘을 발견했습니다.

"아 마침, 잘됐어. 조금 전 착륙할 때 찰과상을 입은 것 같아."

삼촌은 바지 옷자락을 끌어올려 무릎에 난 상처를 씻었습니다. 그리고 둘은 샘물로 목을 축였습니다.

"물 맛 좋다. 힘이 절로 나는군."

삼촌은 자신을 격려하듯이 말했습니다. 그리고 또 도시로 걷기 시작했습니다.

頂上 ちょうじょう 정상
盛 もる 쌓아 올리다, (그릇에) 담아 채우다

展望 てんぼう 전망
泉 いずみ 샘, 샘물
傷 きず 상처

源泉 げんせん 원천

町の入り口に来た時、二人は、声を失いました。建物はくずれかけ、電柱はたおれています。道路もあれ果てていました。人の**姿**は全く見えません。

「まるで、大地震の後のようだ。」

　おじさんは、やっと口を開きました。

　その時、一台のタクシーが二人の後ろからやって来て、止まりました。

「おい、**危**ないぞ！　早く乗れ。」

若い運転手が**窓**を開けてさけびました。二人は、何がなんだかわからないまま、とにかく車に乗りこみました。

「ありがとう。ここはどこだ。これは一体どういうことだ？」

　おじさんが話しかけました。

「お前たちは、どこから来たんだ？」

　運転手は、質問に答えずに聞き返しました。

「大阪の近くから来た。」

　おじさんが答えると、

「大阪だって。それはどこの町だ？」

若 わかい 젊다

　도시가 있는 입구에 왔을 때 둘은 할 말을 잊고 말았습니다. 건물은 무너져 가고 전봇대는 쓰러져 있습니다. 도로도 아주 황폐해져 있었습니다. 사람의 모습은 전혀 보이지 않습니다.

　"마치 대지진이 일어난 후인 것 같군."

　삼촌은 겨우 입을 열었습니다.

　그 때, 한 대의 택시가 두 사람 뒤에서 다가와 멈췄습니다.

　"어이, 위험하니 빨리 타시오."

　젊은 운전수가 창문을 열고는 소리를 질렀습니다. 둘은 뭐가 뭔지 영문을 모른 채 아무튼 차를 탔습니다.

　"고맙네. 여긴 어딘가. 이게 도대체 어찌 된 일이지?"

　삼촌이 말을 걸었습니다.

　"당신들은 어디에서 왔소."

　운전수는 질문에 대답하지 않고 되물었습니다.

　"오사카 근처에서 왔네."

　삼촌이 대답하자,

　"오사카라고. 그건 어디에 있는 도시오."

運転手は、不思議そうに言いました。

「大阪を知らないのか？」

「聞いたこともない。」

「じゃあ、ここは、どこだ？」

「ここは、サリーンだ。」

「聞いたこともない。」

今度は、おじさんが不思議そうに言いました。

「ところで、なぜこんなに町があれているんだ？」

「もちろん、戦争さ。」

こう言うと、運転手は車を止めて、道をふさいでいる**鋼**材など
の**障害物**を取り**除**きました。

「ほら、見てみろ。**郵便局**も消防署も、役所の**庁舎**も、みんな
ひどい有様だろ。**宗教施設**さえあのざまだ。すべて、戦争のせい
だ。」

「どうして戦争が起きたんだ。」

「カルダン**党**が政権を取ったからだ。もともとカルダン**党**は、
戦いを好んだんだが、保守**系**の**諸派**の議員がこれと同**盟**関係を結
ぶようになり、急に勢力を**拡大**したんだ。それからずっと内戦が
続いている。あそこの石**段**の上には、もともと**城**があり、**貴重**な
遺跡（せき）だった。でも、今はあのとおり、さんざんな状態。国の宝
も何もなくしてしまった。独裁政治のこわさだ。」

운전수는 이상한 듯이 말했습니다.

"오사카를 모르는가?"

"들은 적도 없소"

"그럼, 여긴 어디지?"

"여긴 사린이오."

"처음 들어 보는데."

이번엔 삼촌이 이상한 듯이 말했습니다.

"그런데 왜 이렇게 도시가 황폐해져 있는 건가?"

"물론, 전쟁 때문이오."

이렇게 말하면서 운전수는 차를 세우고 길을 막고 있는 강철 등의 장해물을 제거했습니다.

"자, 이 꼴을 보시오. 우체국도 소방서도 관공서의 청사도 모두 심한 꼴이잖소. 종교 시설조차 저 모양이니. 모두 전쟁 때문이오."

"왜 전쟁이 일어난 건가?"

"카르단당이 정권을 잡았기 때문이오. 원래 카르단당은 분쟁을 즐겼는데, 보수계 여러 파의 의원이 이 당과 동맹관계를 맺게 되어 갑자기 세력을 확대했소. 그리고 줄곧 내전이 계속되고 있소. 저기 돌계단 위에는 원래 성이 있는 귀중한 유적이었소. 하지만 지금은 보시는 대로 저 모양 저 꼴이오. 국가의 보물도 모조리 잃고 말았소. 독재정치의 무서움 이라고 할까?"

鋼材 こうざい 강재, 강철
障害物 しょうがいぶつ 장해물
除 のぞく 없애다, 제거하다, 빼다
郵便局 ゆうびんきょく 우체국
消防署 しょうぼうしょ 소방서
庁舎 ちょうしゃ 청사
宗教 しゅうきょう 종교

党 とう 당
政権 せいけん 정권
系 けい 계
諸派 しょは 여러 당파
同盟 どうめい 동맹
拡大 かくだい 확대
石段 いしだん 돌계단

城 しろ 성
貴重 きちょう 귀중
遺跡 いせき 유적
宝 たから 보물
独裁 どくさい 독재

運転手の男は、早口で今の政治を**批判**しました。

　その時、バーンという音と共に、車のサイドミラーが**割れて**ふっ飛びました。

　「ふせろ！　くそ、やられた。流れだまだ。」

　男は、ブレーキをふんでから言いました。

　「おじさん。こわいよ。」

　宗助は今にも泣き出しそうな声で言いました。

　「それにしても、おれたちはどこに迷いこんだんだ。あっ、今何年だ？」

　おじさんは、男にたずねました。

　「今年は、二〇〇八年だ。」

　「同じか。年は同じなのに、世界が全くちがう。あっ、もしかしたら…。」

　「おじさん、もしかしたらどうなの？」

　宗助はじっとおじさんの顔を見てたずねました。

　「もしかしたら、パラレルワールドかもしれない。」

　「パラレルワールドって？」

　「**並行宇宙**と言うんだが、何かのひょうしに**宇宙**に開いた**異次**元空間へ通じる**穴**に落ちこんで、もう一つの**宇宙**に来てしまったんだ。」

　「えっ、そんなことが…。そんなこと冗談でしょう。」

사내 운전수는 빠른 말로 지금의 정치를 비판했습니다.

그 때 '펑' 하는 소리와 함께 자동차 사이드 밀러가 깨져 날아갔습니다.

"엎드려! 제기랄, 당했소. 유탄이오."

사내는 브레이크를 밟고 나서 말했습니다.

"삼촌, 무서워요."

소스케는 금방이라도 울 듯한 목소리로 말했습니다.

"그건 그렇고 우리들은 어디에 빠진 걸까? 아, 지금 몇 년이지?"

삼촌은 사내에게 물었습니다.

"올해는 2008년이오."

"같군. 해는 같은데 세계가 전혀 달라. 앗, 어쩜……."

"삼촌, 어쩜 뭐죠."

소스케는 물끄러미 삼촌의 얼굴을 보며 물었습니다.

"어쩜 패럴렐 월드일지도 몰라."

"패럴렐 월드라니요?"

"평행우주라고 하는데 어떤 것이 계기가 되어 우주에 열린 이차원(異次元) 공간으로 통하는 구멍에 빠져 또 하나의 우주에 와 버린 거야."

"엣, 그런 일이……. 지금 한 말 농담이죠."

批判 ひはん 비판 　　　　　**並行** へいこう 병행 　　　　　**異次元** いじげん 이차원, 별세계

割われる 깨지다, 터지다, 쪼개지다

宗助は、心の中でおじさんの話を否定しました。

「おれを疑っているのか。だが、他に説明がつかないだろう。」

おじさんは、声を低くして言いました。

「おじさん、帰りたいよ。」

宗助は、とうとう泣きだしました。

「そうだな。こんな所にぐずぐずしておれない。もう一度あの穴に入るしかない。運転手さん、悪いが、町はずれの広場まで行ってくれないか。」

「よし、わかった。」

運転手の男は、こう言って、車を走らせました。飛行機の近くまで帰ってくると、おじさんは、運賃をはらって、礼を言いました。

「本当に人間の欲は、おそろしい。権力のおよばない聖域があると思っていたが、そんなものはない。人間は誤りをおかすものだ。だから、正しい法律が必要なんだ。まあ根気よく改革していくしかない。じゃあ気をつけてな。」

男は、こう言い残して去って行きました。

「こわそうだが、誠実で、なかなかの善人だ。」

おじさんが、つぶやきました。

소스케는 마음속에서 삼촌 얘기를 부정했습니다.

"날 의심하고 있는 거니. 하지만 달리 설명할 방도가 없잖니."

삼촌은 목소리를 낮춰 말했습니다.

"삼촌, 돌아가고 싶어요."

소스케는 마침내 울기 시작했습니다.

"맞아. 이런 곳에 우물쭈물하고 있을 수 없어. 다시 한 번 저 구멍에 들어갈 수밖에 없어. 운전수 양반, 미안하지만, 변두리 광장까지 가 주지 않겠소?"

"알겠소."

사내 운전수는 이렇게 말하며 차를 몰았습니다. 비행기 근처까지 돌아오자 삼촌은 운임을 지불하고 감사의 인사를 했습니다.

"정말로 인간의 욕심은 무서워. 권력이 미치지 않는 성역이 있다고 생각했지만, 그런 건 없어. 인간은 잘못을 저지르기 마련이야. 그래서 올바른 법률이 필요한 거야. 아쉬운 대로 끈기 있게 개혁해 갈 수밖에 없어. 그럼, 조심하시오."

사내는 이렇게 말을 남기고 떠나갔습니다.

"무서워 보이지만 성실하고 참 착한 사람이야."

삼촌이 중얼거렸습니다.

否定 ひてい 부정
疑 うたがう 의심하다
運賃 うんちん 운임
欲 よく 욕심, 욕망

権力 けんりょく 권력
聖域 せいいき 성역
誤 あやまり 잘못, 실수, 과오
法律 ほうりつ 법률

改革 かいかく 개혁
誠実 せいじつ 성실
善人 ぜんにん 착한 사람

第四章　運を天に任せる

　おじさんは、**操縦**席に座って、燃料などの点検をしました。

　「よし、じゃあ、やってみよう。これといって、良い方**策**があるわけじゃないが…。」

　おじさんは、こう言って、**操縦**を始めました。

　「確かこの辺で、**異変**が起きたんだが…。」

　「どうか、帰れますように。」

　宗助は、目をつぶって、いのり続けていました。

　「だめだ。もう一度やってみよう。」

　おじさんは、引き返して、もう一度同じコースを飛行しました。

　「だめだ。何の変化もない。やっぱり無理か。」

　「ええ、そんな。おじさん、もう一度やってみてください。」

　宗助は、手を合わせて言いました。

　「よし、もう一度だ。ただしもう燃料が少ない。これが最後だ。」

　おじさんはこう言うと、再び機体を**旋回**させました。その時、ピカッとまぶしい光に包まれ、機体がかたむきました。

方策 ほうさく 방책　　　　　**異変** いへん 이변

212

제4장 운을 하늘에 맡기다

삼촌은 조종석에 앉아 연료 등의 점검을 했습니다.

"자, 그럼 해 보자. 이렇다 할 좋은 방책이 있는 건 아니지만⋯⋯."

삼촌은 이렇게 말하며 조종을 시작했습니다.

"분명히 이 부근에 이변이 일어났는데⋯⋯."

"제발, 돌아갈 수 있도록."

소스케는 눈을 감고 계속 기도하고 있었습니다.

"안 되는 걸. 다시 한 번 해 보자."

삼촌은 되돌려 다시 한 번 같은 코스를 비행했습니다.

"소용없어. 아무런 변화도 없어. 역시 무리일까?"

"에에, 그럴 리가. 삼촌, 다시 한 번 해 보세요."

소스케는 손을 모으며 말했습니다.

"좋아, 다시 한 번 해 보자. 다만 이제 연료가 부족해. 이게 마지막이야."

삼촌은 이렇게 말하며 다시 기체를 선회시켰습니다. 그 때 번쩍 눈부신 빛에 휩싸여 기체가 기울었습니다.

「やった！ あの時と同じだ。」

おじさんが声を上げました。

周りが暗くなり、しばらく、**穴**にすいこまれるように飛行した後、水平飛行にもどりました。

「やったぞ！ 宗助、ほら見てみろ、美しい町だ！」

「えっ、本当！ 本当にもどれたの。やった！ やったよ、おじさん。助かったんだ。家に帰れるんだ。」

宗助は、**我を忘れて**さけびました。

やがて、飛行機は、**郷里**の上空へさしかかりました。そして、朝出発した飛行場に無事着陸したのです。

宗助は、車を運転するおじさんの横顔を**尊敬**の**眼差し**で見つめました。そして、あの運転手の「人間はまちがいをおかすものだ。だから、正しい法律が必要だ。」という**忠告**を思い出していました。

その時、学校で習ったことのある、戦争を歌った歌の歌詞がふっと宗助の頭にうかびました。その歌の歌詞を何度も心でくり返しているうちに、車は**自宅**へ着きました。

さて、それから三日後のことです。

「ここで**臨時**ニュースをお伝えします。福丸総理は、内閣支持率の低下を受けて、**衆議院の解散**を決断しました。」

"해냈어! 그 때와 똑같아."

삼촌이 소리를 질렀습니다.

주위가 어두워지고 잠시 구멍에 빨려들어 가듯이 비행한 후, 수평비행으로 돌아왔습니다.

"해냈어! 소스케, 자 보렴. 이 얼마나 아름다운 도시인지!"

"엣, 정말이에요! 정말로 돌아온 거에요. 앗싸!◆ 삼촌. 살았어요. 집에 돌아갈 수 있어요."

소스케는 정신없이 소리를 질렀습니다.

곧 비행기는 고향 상공에 접어들었습니다. 그리고 아침에 출발한 비행장에 무사히 착륙한 것입니다.

소스케는 차를 운전하는 삼촌의 옆 얼굴을 존경의 눈빛으로 바라봤습니다. 그리고 그 운전수의 "인간은 잘못을 저지르기 마련이야. 그래서 올바른 법률이 필요해."라는 충고를 떠올리고 있었습니다.

그 때 학교에서 배운 적이 있는 전쟁을 노래한 노래 가사가 문득 소스케의 머리에 떠올랐습니다. 그 노래 가사를 몇 번이나 마음속으로 반복하고 있는 사이에 차는 자택에 도착했습니다.

자, 그리고 3일 후의 일입니다.

"여기에서 임시 뉴스를 전해드리겠습니다. 후쿠마루 총리는 내각지지율의 저하를 이유로 중의원 해산을 결단했습니다."

◆ やった 무슨 일이 잘 되었을 때 기뻐서 하는 말. 됐다. 해냈다.

我 われ 나, 자신, 그대   尊敬 そんけい 존경   臨時 りんじ 임시
忘 わすれる 잊다, 잊어버리다   忠告 ちゅうこく 충고   内閣 ないかく 내각
郷里 きょうり 향리, 고향   歌詞 かし 가사   衆議院 しゅうぎいん 중의원

テレビを見ていた宗助は、ドキッとして、お父さんの部屋へ行きました。

　「お父さん、**衆**議院が解散だって。」

　「えっ、ついに解散か。それにしても、お前、いつから政治に興味を持つようになったんだ。」

　お父さんは、少しうれしそうに言いました。そして、本だなから、『子どものための日本国**憲法**』（井下ひさお**著**）という本を取り出して、宗助に手わたしました。

　翌朝、宗助の短**冊**には、〈**将来**の夢は、法**律**の勉強をすること〉と書かれていました。

텔레비전을 보고 있던 소스케는 심장이 두근거려 아버지 방으로 갔습니다.

"아빠, 중의원이 해산이래요."

"엣, 마침내 해산인가? 그건 그렇고 너 언제부터 정치에 흥미를 가지게 되었니?"

아빠는 조금 기쁜 듯이 말했습니다. 그리고 책장에서 『어린이를 위한 일본국 헌법』(이노시타 히사오 저)라고 하는 책을 꺼내 소스케에게 건넸습니다.

다음 날 아침, 소스케의 가느다란 종이엔 '장래의 꿈은 법률 공부를 하는 것'이라고 쓰여 있었습니다.

憲法 けんぽう 헌법   著 ちょ 저서

6학년 종합신습한자

제1장

冷蔵庫 (れいぞうこ) 냉장고

牛乳 (ぎゅうにゅう) 우유

提供 (ていきょう) 제공

姿 (すがた) 몸매, 옷차림

映る (うつる) 비치다

皇居 (こうきょ) 천황이 거처하는 곳

天皇 (てんのう) 천황

皇后 (こうごう) 황후

両陛下 (りょうへいか) 양 폐하

演奏 (えんそう) 연주

奏者 (そうしゃ) 연주자

指揮 (しき) 지휘

参拝者 (さんぱいしゃ) 참배자

俳優 (はいゆう) 배우

歌劇 (かげき) 가극

将来 (しょうらい) 장래

一枚 (いちまい) 한 장

短冊 (たんざく) 글씨를 쓰거나 표시로 물건에 붙이거나 하는 가느다란 종이

裏返す (うらがえす) 뒤집다

呼ぶ (よぶ) 부르다

雑誌 (ざっし) 잡지

亡くなる (なくなる) 돌아가시다, 죽다

宇宙 (うちゅう) 우주

就職 (しゅうしょく) 취직

幼い (おさない) 어리다, 미숙하다, 유치하다

捨てる (すてる) 버리다

灰皿 (はいざら) 재떨이

吸う (すう) 빨다, 흡수하다

操縦 (そうじゅう) 조종

届く (とどく) 도착하다, 이루어지다, 두루 미치다

暮れ (くれ) 해질 무렵, 계절의 끝 무렵

延期 (えんき) 연기

秘密 (ひみつ) 비밀

晩 (ばん) 저녁 밤

제2장

翌朝 (よくあさ) 다음날 아침

洗う (あらう) 씻다

胸 (むね) 가슴

訪ねる (たずねる) 방문하다

時刻 (じこく) 시각

自宅 (じたく) 자택

降りる (おりる) 내려가다, (탈것 등에서) 내리다

街路樹 (がいろじゅ) 가로수

沿う (そう) 따르다

並ぶ (ならぶ) 줄을 서다, 필적하다

株式会社 (かぶしきがいしゃ) 주식회사

興奮 (こうふん) 흥분

勤務 (きんむ) 근무

専用 (せんよう) 전용

私用 (しよう) 사적인 볼일

補給 (ほきゅう) 보급

装備 (そうび) 장비

座る (すわる) 앉다

危ない (あぶない) 위험하다, 미덥지 않다

深呼吸 (しんこきゅう) 심호흡

閉める (しめる) 닫다

確認 (かくにん) 확인

背骨 (せぼね) 등뼈, 척주

窓 (まど) 창문, 창

紅潮 얼굴이 붉어짐

染める 물들이다, 염색하다

乱気流 난기류

存分 마음껏

ご覧 보심

朗らか 명랑한 모양, 날씨가
　　　쾌청한 모양

誕生日 생일

班 반

討論 토론

担任 담임

探す 찾다

言い訳 변명

蔵 창고

蚕 누에

卵形 계란형

純白 순백

絹 비단

脱穀 탈곡

模型 모형

机 책상

創る 만들다

警察 경찰

泥棒 도둑

筋力 근력

骨 뼈

肺 폐

激痛 심한 통증

看病 간병

仁徳 인덕

親孝行 효도(함), 효행

至る 다다르다, 도달하다, 되다

視界 시야

水蒸気 수증기

層 층

幕 막

激しい 심하다, 세차다, 격렬
　　　하다

垂直 수직

下降 하강

腹 배

内臓 내장

寸前 직전

熟練 숙련

困難 곤란

厳しい 엄하다, 험하다

針 바늘

納得 납득

誤作動 오작동

磁気 자기

穴 구멍, 동굴

脳裏 뇌리

従う 따르다, 순종하다

砂 모래

自己 자기

縮尺 축척, 축척 비율

推測 추측

区域 구역

干物 건어물, 포

糖尿病 당뇨병

宣告 선고

血糖値 혈당치

注射 주사

片腕 한쪽 팔

巻き上げる 감아 올리다

簡単 간단

処置 처치

収める 넣다, (결과를) 얻다

제3장

済ます 끝내다, 때우다

暖かい 따뜻하다

頂上 정상

盛る 쌓아 올리다

展望 전망

泉 샘, 샘물

傷 상처

源泉 원천

若い 젊다

鋼材 강재, 강철

障害物 장해물

除く 없애다, 제거하다, 빼다

郵便局 우체국

消防署 소방서

庁舎 청사

宗教 종교

党 당

政権 정권

系 계

諸派 여러 당파

同盟 동맹

拡大 확대

石段 돌계단

城 성

貴重 귀중

遺跡 유적

宝 보물

独裁 독재

批判 비판

割れる 깨지다, 터지다

並行 병행

異次元 이차원, 별세계

否定 부정

疑う 의심하다

運賃 운임

欲 욕심, 욕망

権力 권력

聖域 성역

誤り 잘못, 실수, 과오

法律 법률

改革 개혁

誠実 성실

善人 착한 사람

제4장

方策 방책

異変 이변

我 나, 자신, 그대

忘れる 잊다, 잊어버리다

郷里 향리, 고향

尊敬 존경

忠告 충고

歌詞 가사

臨時 임시

内閣 내각

衆議院 중의원

憲法 헌법

著 저서

TIP 성격 관련 일본어 표현

遠慮深 えんりょぶかい　조심스럽다, 겸손하다

落ぉち着っいている　차분하다

大人 おとなしい　어른스럽다

思 おもいやりがある　배려심이 있다

口 くちが堅 かたい　쉽게 입을 열지 않는다

几帳面 きちょうめんだ　꼼꼼하다

倹約的 けんやくてきだ　검약적이다, 검소하다

さっぱりした性格 せいかく　시원스런 성격

如才 じょさいない　빈틈이 없다, 붙임성이 있다

情愛 じょうあいが深 ふかい　정이 많다

上品 じょうひんだ　품위가 있다

素直 すなおだ　순수하다

倹 つましい　검소하다

恥 はずかしがり屋 や　부끄러움을 잘 타는 사람

まめだ　부지런하다

用心深 ようじんぶかい　신중하다

愛想 あいそがない　붙임성이 없다, 무뚝뚝하다

甘 あまえん坊 ぼう　응석꾸러기

天 あまの邪鬼 じゃく　심술꾸러기

いい加減 かげんだ　무책임하다

田舎 いなか臭 くさい　촌스럽다

大袈裟 おおげさだ　과장되다

大雑把 おおざっぱだ　대략적이다

怒 おこりっぽい　화를 잘 내는 성질이다

おせっかいだ　필요 없는 참견을 하다

落ぉち着っきがない　차분하지 못하다

おっちょこちょい　촐랑이

頑固 がんこだ　완고하다

機嫌買 きげんがい　기분파

気性 きしょうが激 はげしい　과격하다

気紛 きまぐれだ　변덕스럽다

口 くちうるさい　잔소리가 많다

下品 げひんだ　품위가 없다

傲慢 ごうまんだ　거만하다

子供 こどもっぽい　어린애 같다, 유치하다

媚 こびへつらう　아첨하다

執念深 しゅうねんぶかい　집념이 강하다

せっかちだ　성급하다

そそっかしい　덜렁거리다

鈍臭 どんくさい　둔하다

怠 なまけ者 もの　게으름뱅이

呑気 のんきだ　무사태평하다

派手 はでだ　화려하다

地味 じみだ　수수하다

鼻 はなっ柱 ばしらが強 つよい　콧대가 세다

見栄 みえっ張 ばり　허세부리는 사람

みみっちい　인색하다

無鉄砲 むてっぽうだ　무모하다

理屈 りくつっぽい　이론만 내세우다

我 わがままだ　제멋대로다

부록

한자	읽는 법 쓰기	뜻	한자	읽는 법 쓰기	뜻
王			月		
町			大きい		
村			空		
人			見上げる		
お金			下		
天			田んぼ		
山			竹やぶ		
名まえ			青		
犬			雨		
け糸			出す		
見える			足		
金いろ			左右		
目玉			円		
白い			音		
貝			耳		
上			水		
木			川		
草			一つ		
虫			二つ		
夕がた			三つ		
子ども			四つ		
早い			五つ		
右			六つ		
左			七つ		
中			八つ		
入る			九つ		
森			十		
林			小学校		
日			とう校		

先生	
手	
石	
休み	
なん百	
男	
手おし車	
土	
女	
なん十人	
なん百人	
馬車	
気	

千人	
力	
火	
本当	
口ぐち	
一ばん	
年	
正面	
文字	
立てる	
赤い	
花	

한자	읽는 법 쓰기	뜻
京都市		
北		
電車		
時間		
行く		
月見台		
家		
家族		
お父さん		
お母さん		
お兄さん		
お姉さん		
弟		
妹		
長い		

한자	읽는 법 쓰기	뜻
冬		
春		
雪		
今		
谷		
少し		
晴れ		
朝		
小鳥		
鳴き声		
新学期		
八才		
し方ない		
一番		
元気		

言う		通る	
友だち		野原	
楽しい		東	
勉強		雲	
算数		間	
今年		黄色	
理科		光	
社会		直線	
まっ黒		引く	
丸い		心	
聞く		思わず	
図工		遠く	
絵		広場	
工作		多く	
国語		来る	
音楽		走り出す	
本読み		門	
日記		近く	
書く		時	
歌う		声	
話		会える	
顔		組む	
頭		教室	
体		夜	
毛		画用紙	
台所		広げる	
茶色		体そう	
食べる		馬	
歩く		三角形	
道		一分間	

計算		小高い	
答え		内がわ	
合う		自分	
百点		明るい	
米		午後	
一週間後		弱い	
日曜日		首	
午前		半分	
弓矢		毎日	
太い		知り合い	
切る		海	
小刀		活発	
細い		古い	
羽		寺	
昼		麦	
公園		夏	
走り回る		秋風	
池		牛	
魚		止める	
南		人里	
星		交差	
光る		店	
帰る		売る	
戸		人間	
何か		一万	
考える		肉	
心配		買う	
外		船	
前		西	
岩		方角	

親子		本当	
地ひびき		同じ	
汽車		何日	
線路		新しい	

한자	읽는 법 쓰기	뜻	한자	읽는 법 쓰기	뜻
第			様子		
章			死がい		
昔			育てる		
昭和			何者		
本州			仕業		
苦しい			区長		
服			県		
着る			委員会		
身なり			役員		
中央			代表		
湖			去年		
農業			急病		
食べ物			病院		
追い打ち			運ぶ		
出来事			医者		
起こる			命		
羊			取る		
消える			薬		
横			手放す		
動物			都会		
畑			高等学校		
庭			勉強		
血			重荷		
流れる			調べる		

真ん中		泳ぐ	
島		波	
悪魔		着く	
次		他	
不幸		決心	
理由		使う	
問う		柱	
重い		板	
開く		倉庫	
始める		登る	
住む		落ちる	
実は		拾う	
家族		集める	
病気		道具	
深い		整える	
息		一丁	
寒い		皮	
童話		歯	
箱		油	
旅行		劇薬	
京都		守る	
旅館		相手	
太平洋		負わせる	
題名		持つ	
港		助ける	
想像		笛	
予想		筆	
台所		手帳	
皿		表	
豆		出発	

進める		坂	
研究		曲がり角	
所		礼	
遊ぶ		写す	
全く		駅	
心配		自転車	
意見		軽い	
全部		短い	
終わる		感じる	
指		待つ	
○○君		列車	
君		乗客	
味方		旅	
暗い		変化	
豆電球		緑	
二階		葉	
屋根		陽	
部屋		紅葉	
炭		秋祭り	
両手		お宮	
温める		鉄橋	
相談		水面	
予定		美しさ	
係		二倍	
決める		詩	
送る		商店	
品物		薬局	
一度		注文	
乗る		薬品	
練習		神社	

集合		水路	
酒		列	
安全		返す	
無事		野宿	
期間		悲鳴	
幸福		真っ暗	
号		鼻	
漢字		氷	
代わり		主	
湯		言葉	
飲む		守り神	
幸運		申す	
向ける		神様	
速さ		銀色	
反対		投げる	
受ける		全体	
急ぐ		級	
太陽		一秒	
暑い		対決	
岸		勝つ	
世界		作物	
植物		有る	
今度		式	

한자	읽는 법 쓰기	뜻	한자	읽는 법 쓰기	뜻
世紀			戦争		
末			競う		
各地			兵器		
自然			実験		
南極			大量		

毒		喜ぶ	
満ちる		改良	
付く		機械	
健康		必ず	
害		連邦	
残る		政府	
最後		兆	
試み		軍事費	
海底		願う	
建物		国民	
建てる		要求	
照る		残念	
季節		努力	
変化		苦労	
笑い		成功	
労働		結び付く	
失う		未来	
無気力		大西氏	
胃		固い	
腸		億	
博士		鏡	
以前		白衣	
求める		静か	
軍隊		官僚	
不要		大臣	
唱える		反省	
人類		利益	
救う		政治家	
積む		説得	
完成		熱い	

お祝い		飛行機	
浴びる		着陸	
料理		反対側	
食堂		貨物	
冷蔵庫		航空	
塩		標識	
焼く		案内	
倉庫		借りる	
置く		街	
一輪		海辺	
共		景色	
食器		見覚え	
飛び散る		郡	
粉		郵便局	
低い		不思議	
試す		信じる	
歴史		孫	
変える		関係	
席		老人	
直径		辺	
包む		一帯	
続ける		漁師	
覚ます		種類	
周囲		名人芸	
停止		養う	
観察		卒業	
山脈		漁	
連なる		大漁旗	
英語		灯台	
小型		漁業	

おれ達		命令	
候補者		課長	
票		管理	
選挙		夫	
敗れる		昨年	
別れ		好き	
告げる		給料	
加える		差	
笑顔		順位	
印象的		特別	
不安		賞	
牧場		辞職	
周り		欠勤	
突然		貯金	
飛び出す		希望	
泣く		気の毒	
松林		愛する	
浅い		ご飯	
清流		殺す	
白菜		仲良く	
梅		産業	
巣		栄える	
玄関		教訓	
表札		事典	
伝える		印刷物	
働く		法律	
初め		事例	
食事付き		記録	
上司		約	
副社長		説明	

한자	읽는 법 쓰기	뜻
児童		
生徒		
勇気		
教材		
協力		
必要		
約束		
争い		
無くす		
改める		

한자	읽는 법 쓰기	뜻
参加		
単位		
良い		
満足		
変わる		
結果		
果たす		
折る		
新芽		

한자	읽는 법 쓰기	뜻
年賀状		
破れる		
布		
限界		
朝刊		
修理		
技師		
職業		
検査		
習慣		
中国製		
独り言		
一銭		
価値		
舌		
旧式		
文句		
余る		

한자	읽는 법 쓰기	뜻
飼う		
肥える		
道徳		
政治家		
事件		
事故		
情報		
準備		
久しぶり		
演じる		
適当		
制服		
貸間		
夢		
招待		
興味		
快く		
賛成		

示す		罪	
消防署		犯す	
団地		可能性	
校舎		酸欠状態	
税務署		額	
順序		桜	
過ぎる		再び	
省略		雑木林	
墓地		枝	
予測		性格	
確か		意志	
素質		程	
墓		現在地	
先祖		判断	
険しい		災い	
禁止		弁当	
迷う		均等	
逆		勢い	
改造		増す	
一応		鉱山	
住居		総合	
米俵		授業	
一俵		銅	
耕す		採れる	
燃える		張り上げる	
事情		金属	
移る		厚い	
仮に		群れ	
貧しい		導く	
妻		姿勢	

保つ		豊富	
仏像		災害	
銀河		承知	
新幹線		国営	
構内		講話	
券売機		保護	
往復		組織	
乗車券		技術者	
近寄る		設ける	
質問		効率	
支え		基本	
絶対		規則	
適応		個人	
経験		責任	
留まる		義務	
永住		常識	
表情		提出	
許す		証明	
担任		半額	
似る		統一	
比べる		清潔	
主婦		評価	
原因		非常	
豊か		業績	
精神		引退	
預金		責任者	
財産		接客	
複数		評判	
条件		利益	
資源		輸入	

한자	읽는 법 쓰기	뜻		한자	읽는 법 쓰기	뜻
貿易				暴力		
増税				感謝		
減税				恩		
理解				編集		
液				内容		
混じる				築く		
境				出版		
国境				述べる		
領土				損		
敵				眼中		
武力				窓際		
制圧				綿		
防衛						

한자	읽는 법 쓰기	뜻		한자	읽는 법 쓰기	뜻
冷蔵庫				将来		
牛乳				一枚		
提供				短冊		
姿				裏返す		
映る				呼ぶ		
皇居				雑誌		
天皇				亡くなる		
皇后				宇宙		
両陛下				就職		
演奏				幼い		
奏者				捨てる		
指揮				灰皿		
参拝者				吸う		
俳優				操縦		
歌劇				届く		

238

暮れ		乱気流	
延期		存分	
秘密		ご覧	
晩		朗らか	
翌朝		誕生日	
洗う		班	
胸		討論	
訪ねる		担任	
時刻		探す	
自宅		言い訳	
降りる		蔵	
街路樹		蚕	
沿う		卵形	
並ぶ		純白	
株式会社		絹	
興奮		脱穀	
勤務		模型	
専用		机	
私用		創る	
補給		警察	
装備		泥棒	
座る		筋力	
危ない		骨	
深呼吸		肺	
閉める		激痛	
確認		看病	
背骨		仁徳	
窓		親孝行	
紅潮		至る	
染める		視界	

水蒸気		巻き上げる	
層		簡単	
幕		処置	
激しい		収める	
垂直		済ます	
下降		暖かい	
腹		頂上	
内臓		盛る	
寸前		展望	
熟練		泉	
困難		傷	
厳しい		源泉	
針		若い	
納得		鋼材	
誤作動		障害物	
磁気		除く	
穴		郵便局	
脳裏		消防署	
従う		庁舎	
砂		宗教	
自己		党	
縮尺		政権	
推測		系	
区域		諸派	
干物		同盟	
糖尿病		拡大	
宣告		石段	
血糖値		城	
注射		貴重	
片腕		遺跡	

宝		誠実	
独裁		善人	
批判		方策	
割れる		異変	
並行		我	
異次元		忘れる	
否定		郷里	
疑う		尊敬	
運賃		忠告	
欲		歌詞	
権力		臨時	
聖域		内閣	
誤り		衆議院	
法律		憲法	
改革		著	

一 한 일	음독 いち/いつ 훈독 ひと/ひとつ
右 오른쪽 우	음독 う/ゆう 훈독 みぎ
雨 비 우	음독 う 훈독 あめ/あま
円 둥글 원	음독 えん 훈독 まるい
王 임금 왕	음독 おう 훈독 一
音 소리 음	음독 おん/いん 훈독 おと/ね
下 아래 하	음독 か/げ 훈독 した/しも/もと/さげる/ さがる/くだる/くだす/ くださる/おろす/おりる
火 불 화	음독 か 훈독 ひ/ほ
花 꽃 화	음독 か 훈독 はな
貝 조개 패	음독 一 훈독 かい

学 배울 학	음독 がく 훈독 まなぶ
気 기운 기	음독 き/け 훈독 一
九 아홉 구	음독 きゅう/く 훈독 ここの/ここのつ
休 쉴 휴	음독 きゅう 훈독 やすむ/やすまる/ やすめる
玉 구슬 옥	음독 ぎょく 훈독 たま
金 성 김 쇠 금	음독 さん/こん 훈독 かね/かな
空 빌 공	음독 くう 훈독 そら/あく/あける/から
月 달 월	음독 げつ/がつ 훈독 つき
犬 개 견	음독 けん 훈독 いぬ
見 볼 견	음독 けん 훈독 みる/みえる/みせる

五 다섯 **오**	음독 ご 훈독 いつ/いつつ		**耳** 귀 **이**	음독 じ 훈독 みみ
口 입 **구**	음독 こう/く 훈독 くち		**七** 일곱 **칠**	음독 しち 훈독 なな/ななつ/なの
校 학교 **교**	음독 こう 훈독 ―		**車** 수레 **거** 수레 **차**	음독 しゃ 훈독 くるま
左 왼 **좌**	음독 さ 훈독 ひだり		**手** 손 **수**	음독 しゅ 훈독 て/た
三 석 **삼**	음독 さん 훈독 み/みつ/みっつ		**十** 열 **십**	음독 じゅう/じっ 훈독 とお/と
山 메 **산**	음독 さん 훈독 やま		**出** 날 **출**	음독 しゅつ/すい 훈독 でる/だす
子 아들 **자**	음독 し/す 훈독 こ		**女** 계집 **녀**	음독 じょ/にょ/にょう 훈독 おんな/め
四 넉 **사**	음독 し 훈독 よ/よつ/よっつ/よん		**小** 작을 **소**	음독 しょう 훈독 ちいさい/こ/お
糸 실 **사**	음독 し 훈독 いと		**上** 위 **상**	음독 じょう/しょう 훈독 うえ/うわ/かみ/あげる/ あがる/のぼる/ のぼせる/のぼす
字 글자 **자**	음독 じ 훈독 あざ		**森** 숲 **삼**	음독 しん 훈독 もり

人 사람 인	음독 じん/にん 훈독 ひと	先 먼저 선	음독 せん 훈독 さき
水 물 수	음독 すい 훈독 みず	早 일찍 조	음독 そう/さっ 훈독 はやい/はやまる/ はやめる
正 바를 정	음독 せい/しょう 훈독 ただしい/ただす/まさ	草 풀 초	음독 そう 훈독 くさ
生 날 생	음독 せい/しょう 훈독 いきる/いかす/うまれる/ うむ/おう/はえる/ はやす/き/なま	足 발 족	음독 そく 훈독 あし/たりる/たる/たす
青 푸를 청	음독 せい/しょう 훈독 あお/あおい	村 마을 촌	음독 そん 훈독 むら
夕 저녁 석	음독 せき 훈독 ゆう	大 클 대	음독 だい/たい 훈독 おお/おおきい/おおいに
石 돌 석	음독 せき/しゃく/こく 훈독 いし	男 사내 남	음독 だん/なん 훈독 おとこ
赤 붉을 적	음독 せき/しゃく 훈독 あか/あかい/ あからむ/あからめる	竹 대 죽	음독 ちく 훈독 たけ
千 일천 천	음독 せん 훈독 ち	中 가운데 중	음독 ちゅう/じゅう 훈독 なか
川 내 천	음독 せん 훈독 かわ	虫 벌레 충	음독 ちゅう 훈독 むし

町 밭두둑 정	음독 ちょう 훈독 まち		百 일백 백	음독 ひゃく 훈독 ―
天 하늘 천	음독 てん 훈독 あめ/あま		文 글월 문	음독 ぶん/もん 훈독 ふみ
田 밭 전	음독 でん 훈독 た		木 나무 목	음독 ぼく/もく 훈독 き/こ
土 흙 토	음독 ど/と 훈독 つち		本 근본 본	음독 ほん 훈독 もと
二 두 이	음독 に 훈독 ふた/ふたつ		名 이름 명	음독 めい/みょう 훈독 な
日 날 일	음독 にち/じつ 훈독 ひ/か		目 눈 목	음독 もく/ぼく 훈독 め/ま
入 들 입	음독 にゅう 훈독 いる/いれる/はいる		立 설 립	음독 りっ/りゅう 훈독 たつ/たてる
年 해 년	음독 ねん 훈독 とし		力 힘 력	음독 りょく/りき 훈독 ちから
白 흰 백	음독 はく/びゃく 훈독 しろ/しろい/しら		林 수풀 림	음독 りん 훈독 はやし
八 여덟 팔	음독 はち 훈독 や/やつ/やっつ/よう		六 여섯 륙(육)	음독 ろく 훈독 む/むつ/むっつ/むい

引 끌 인	음독 いん 훈독 ひく/ひける
羽 깃 우	음독 う 훈독 は/はね
雲 구름 운	음독 うん 훈독 くも
園 동산 원	음독 えん 훈독 その
遠 멀 원	음독 えん/おん 훈독 とおい
何 어찌 하	음독 か 훈독 なに/なん
科 과목 과	음독 か 훈독 ―
夏 여름 하	음독 か/げ 훈독 なつ
家 집 가	음독 か/け 훈독 いえ/や
歌 노래 가	음독 か 훈독 うた/うたう

画 그림 화 그을 획	음독 が/かく 훈독 ―
回 돌아올 회	음독 かい/え 훈독 まわる/まわす
会 모을 회	음독 かい/え 훈독 あう
海 바다 해	음독 かい 훈독 うみ
絵 그림 회	음독 かい/え 훈독 ―
外 바깥 외	음독 がい/げ 훈독 そと/ほか/はずす/ はずれる
角 뿔 각	음독 かく 훈독 かど/つの
楽 즐길 락	음독 がく/らく 훈독 たのしい/たのしむ
活 살릴 활 살 활	음독 かつ 훈독 ―
間 사이 간	음독 かん/けん 훈독 あいだ/ま

246

丸 둥글 환	음독 がん 훈독 まる/まるい/まるめる	強 굳셀 강	음독 きょう/ごう 훈독 つよい/つよまる/ つよめる/しいる
岩 바위 암	음독 がん 훈독 いわ	教 가르칠 교	음독 きょう 훈독 おしえる/おそわる
顔 얼굴 안	음독 がん 훈독 かお	近 가까울 근	음독 きん 훈독 ちかい
汽 김 기	음독 き 훈독 ―	兄 맏 형	음독 けい/きょう 훈독 あに
記 기록할 기	음독 き 훈독 しるす	形 형상 형	음독 けい/ぎょう 훈독 かた/かたち
帰 돌아갈 귀	음독 き 훈독 かえる/かえす	計 셀 계	음독 けい 훈독 はかる/はからう
弓 활 궁	음독 きゅう 훈독 ゆみ	元 으뜸 원	음독 げん/がん 훈독 もと
牛 소 우	음독 ぎゅう 훈독 うし	言 말씀 언	음독 げん/ごん 훈독 いう/こと
魚 물고기 어	음독 ぎょ 훈독 うお/さかな	原 근원 원	음독 げん 훈독 はら
京 서울 경	음독 きょう/けい 훈독 ―	戸 집 호	음독 こ 훈독 と

古 옛 고	음독 こ 훈독 ふるい/ふるす
午 낮 오	음독 ご 훈독 ―
後 뒤 후	음독 ご/こう 훈독 のち/うしろ/あと/ おくれる
語 말씀 어	음독 ご 훈독 かたる/かたらう
工 장인 공	음독 こう/く 훈독 ―
公 공변될 공	음독 こう 훈독 おおやけ
広 넓을 광	음독 こう 훈독 ひろい/ひろまる/ ひろめる/ひろがる/ ひろげる
交 사귈 교	음독 こう 훈독 まじわる/まじえる/ まじる/まざる/まぜる/ かう/かわす
光 빛 광	음독 こう 훈독 ひかる/ひかり
考 생각할 고	음독 こう 훈독 かんがえる
行 다닐 행	음독 こう/ぎょう/あん 훈독 いく/ゆく/おこなう
高 높을 고	음독 こう 훈독 たかい/たか/たかまる/ たかめる
黄 누를 황	음독 こう/おう 훈독 き/こ
合 합할 합	음독 ごう/がっ/かっ 훈독 あう/あわす/あわせる
谷 골 곡	음독 こく 훈독 たに
国 나라 국	음독 こく 훈독 くに
黒 검을 흑	음독 こく 훈독 くろ/くろい
今 이제 금	음독 こん/きん 훈독 いま
才 재주 재	음독 さい 훈독 ―
細 가늘 세	음독 さい 훈독 ほそい/ほそる/こまか/ こまかい

作 지을 작	음독 さく/さ 훈독 つくる

算 셈할 산	음독 さん 훈독 ―

止 그칠 지	음독 し 훈독 とまる/とめる

市 저자 시	음독 し 훈독 いち

矢 화살 시	음독 し 훈독 や

姉 누이 자	음독 し 훈독 あね

思 생각할 사	음독 し 훈독 おもう

紙 종이 지	음독 し 훈독 かみ

寺 절 사	음독 じ 훈독 てら

自 스스로 자	음독 じ/し 훈독 みずから

時 때 시	음독 じ 훈독 とき

室 집 실	음독 しつ 훈독 むろ

社 모일 사	음독 しゃ 훈독 やしろ

弱 약할 약	음독 じゃく 훈독 よわい/よわる/よわまる/ よわめる

首 머리 수	음독 しゅ 훈독 くび

秋 가을 추	음독 しゅう 훈독 あき

週 돌 주 주일 주	음독 しゅう 훈독 ―

春 봄 춘	음독 しゅん 훈독 はる

書 글 서	음독 しょ 훈독 かく

少 적을 소	음독 しょう 훈독 すくない/すこし

| 場 | 음독 じょう | 星 | 음독 せい/ しょう |
| 마당 장 | 훈독 ば | 별 성 | 훈독 ほし |

| 色 | 음독 しょく/しき | 晴 | 음독 せい |
| 빛 색 | 훈독 いろ | 갤 청 | 훈독 はれる/はらす |

| 食 | 음독 しょく/じき | 切 | 음독 せっ/さい |
| 밥 식 | 훈독 くう/くらう/たべる | 끊을 절 온통 체 | 훈독 きる/きれる |

| 心 | 음독 しん | 雪 | 음독 せっ |
| 마음 심 | 훈독 こころ | 눈 설 | 훈독 ゆき |

| 新 | 음독 しん | 船 | 음독 せん |
| 새 신 | 훈독 あたらしい/あらた/にい | 배 선 | 훈독 ふね/ふな |

| 親 | 음독 しん | 線 | 음독 せん |
| 친할 친 | 훈독 おや/したしい/したしむ | 줄 선 | 훈독 ー |

| 図 | 음독 ず/と | 前 | 음독 ぜん |
| 그림 도 | 훈독 はかる | 앞 전 | 훈독 まえ |

| 数 | 음독 すう/す | 組 | 음독 そ |
| 셀 수 | 훈독 かず/かぞえる | 짤 조 | 훈독 くむ/くみ |

| 西 | 음독 せい/さい | 走 | 음독 そう |
| 서녘 서 | 훈독 にし | 달릴 주 | 훈독 はしる |

| 声 | 음독 せい/しょう | 多 | 음독 た |
| 소리 성 | 훈독 こえ/こわ | 많을 다 | 훈독 おおい |

太 클 태	음독 たい/た 훈독 ふとい/ふとる	朝 아침 조	음독 ちょう 훈독 あさ
体 몸 체	음독 たい/てい 훈독 からだ	直 곧을 직	음독 ちょく/じき 훈독 ただちに/なおす/なおる
台 돈대 대	음독 だい/たい 훈독 ―	通 통할 통	음독 つう/つ 훈독 とおる/とおす/かよう
地 땅 지	음독 ち/じ 훈독 ―	弟 아우 제	음독 てい/だい/で 훈독 おとうと
池 못 지	음독 ち 훈독 いけ	店 가게 점	음독 てん 훈독 みせ
知 알 지	음독 ち 훈독 しる	点 점 점	음독 てん 훈독 ―
茶 차 다	음독 ちゃ/さ 훈독 ―	電 번개 전	음독 でん 훈독 ―
昼 낮 주	음독 ちゅう 훈독 ひる	刀 칼 도	음독 とう 훈독 かたな
長 길 장	음독 ちょう 훈독 ながい	冬 겨울 동	음독 とう 훈독 ふゆ
鳥 새 조	음독 ちょう 훈독 とり	当 마땅할 당	음독 とう 훈독 あたる/あてる

東 동녘 동	음독 とう 훈독 ひがし	**売** 팔 매	음독 ばい 훈독 うる/うれる
答 대답할 답	음독 とう 훈독 こたえる/こたえ	**買** 살 매	음독 ばい 훈독 かう
頭 머리 두	음독 とう/ず/と 훈독 あたま/かしら	**麦** 보리 맥	음독 ばく 훈독 むぎ
同 한가지 동	음독 どう 훈독 おなじ	**半** 절반 반	음독 はん 훈독 なかば
道 길 도	음독 どう/とう 훈독 みち	**番** 차례 번	음독 ばん 훈독 ー
読 읽을 독	음독 どく/とく/とう 훈독 よむ	**父** 아비 부	음독 ふ 훈독 ちち
内 안 내	음독 ない/だい 훈독 うち	**風** 바람 풍	음독 ふう/ふ 훈독 かぜ/かざ
南 남녘 남	음독 なん/な 훈독 みなみ	**分** 나눌 분	음독 ぶん/ふん/ぶ 훈독 わける/わかれる/わかる/ わかつ
肉 고기 육	음독 にく 훈독 ー	**聞** 들을 문	음독 ぶん/もん 훈독 きく/きこえる
馬 말 마	음독 ば 훈독 うま/ま	**米** 쌀 미	음독 べい/まい 훈독 こめ

歩 걸음 보	음독 ほ/ぶ/ふ 훈독 あるく/あゆむ	門 문 문	음독 もん 훈독 かど
母 어미 모	음독 ぼ 훈독 はは	夜 밤 야	음독 や 훈독 よ/よる
方 모 방	음독 ほう 훈독 かた	野 들 야	음독 や 훈독 の
北 북녘 북	음독 ほく 훈독 きた	友 벗 우	음독 ゆう 훈독 とも
毎 매양 매	음독 まい 훈독 －	用 쓸 용	음독 よう 훈독 もちいる
妹 손아랫누이 매	음독 まい 훈독 いもうと	曜 빛날 요	음독 よう 훈독 －
万 일만 만	음독 まん/ばん 훈독 －	来 올 래	음독 らい 훈독 くる/きたる/きたす
明 밝을 명	음독 めい/みょう 훈독 あかり/あかるい/あかるむ/ あからむ/あきらか/あける/ あく/あくる/あかす	里 마을 리	음독 り 훈독 さと
鳴 울 명	음독 めい 훈독 なく/なる/ならす	理 다스릴 리	음독 り 훈독 －
毛 털 모	음독 もう 훈독 け	話 이야기 화	음독 わ 훈독 はなす/はなし

悪 악할 악 미워할 오	음독 あく/お 훈독 わるい
安 편안할 안	음독 あん 훈독 やすい
暗 어두울 암	음독 あん 훈독 くらい
医 의원 의	음독 い 훈독 ―
委 맡길 위	음독 い 훈독 ゆだねる
意 뜻 의	음독 い 훈독 ―
育 기를 육	음독 いく 훈독 そだつ/そだてる/ はぐくむ
員 인원 원	음독 いん 훈독 ―
院 집 원	음독 いん 훈독 ―
飲 마실 음	음독 いん 훈독 のむ

運 옮길 운	음독 うん 훈독 はこぶ
泳 헤엄칠 영	음독 えい 훈독 およぐ
駅 역참 역	음독 えき 훈독 ―
央 가운데 앙	음독 おう 훈독 ―
横 가로 횡	음독 おう 훈독 よこ
屋 집 옥	음독 おく 훈독 や
温 따뜻할 온	음독 おん 훈독 あたたか/あたたかい/ あたたまる/あたためる
化 변할 화	음독 か/け 훈독 ばける/ばかす
荷 짐 하	음독 か 훈독 に
界 지경 계	음독 かい 훈독 ―

254

開 열 개	음독 かい 훈독 ひらく/ひらける/ あく/あける	**究** 연구할 구	음독 きゅう 훈독 きわめる
階 섬돌 계	음독 かい 훈독 ―	**急** 급할 급	음독 きゅう 훈독 いそぐ
寒 찰 한	음독 かん 훈독 さむい	**級** 등급 급	음독 きゅう 훈독 ―
感 느낄 감	음독 かん 훈독 ―	**宮** 집 궁 궁전 궁	음독 きゅう/ぐう/く 훈독 みや
漢 한나라 한	음독 かん 훈독 ―	**球** 공 구	음독 きゅう 훈독 たま
館 집 관	음독 かん 훈독 やかた	**去** 갈 거	음독 きょ/こ 훈독 さる
岸 언덕 안	음독 がん 훈독 きし	**橋** 다리 교	음독 きょう 훈독 はし
起 일어날 기	음독 き 훈독 おきる/おこる/おこす	**業** 업 업	음독 ぎょう/ごう 훈독 わざ
期 기약할 기	음독 き/ご 훈독 ―	**曲** 굽을 곡	음독 きょく 훈독 まがる/まげる
客 손 객	음독 きゃく/かく 훈독 ―	**局** 판 국	음독 きょく 훈독 ―

銀 은 은	음독 ぎん 훈독 ―

区 구역 구	음독 く 훈독 ―

苦 쓸 고	음독 く 훈독 くるしい/くるしむ/ くるしめる/にがい/にがる

具 갖출 구	음독 ぐ 훈독 ―

君 임금 군	음독 くん 훈독 きみ

係 맬 계	음독 けい 훈독 かかる/かかり

軽 가벼울 경	음독 けい 훈독 かるい/かろやか

血 피 혈	음독 けつ 훈독 ち

決 결단할 결	음독 けつ 훈독 きめる/きまる

研 갈 연	음독 けん 훈독 とぐ

県 고을 현	음독 けん 훈독 ―

庫 곳집 고	음독 こ/く 훈독 ―

湖 호수 호	음독 こ 훈독 みずうみ

向 향할 향	음독 こう 훈독 むく/むける/むかう/ むこう

幸 다행 행	음독 こう 훈독 さいわい/さち/しあわせ

港 항구 항	음독 こう 훈독 みなと

号 부르짖을 호	음독 ごう 훈독 ―

根 뿌리 근	음독 こん 훈독 ね

祭 제사 제	음독 さい 훈독 まつる/まつり

皿 그릇 명	음독 ― 훈독 さら

仕 벼슬 사	음독 し/じ 훈독 つかえる	式 법 식	음독 しき 훈독 ―
死 죽을 사	음독 し 훈독 しぬ	実 열매 실	음독 じつ 훈독 み/みのる
使 하여금 사 부릴 사	음독 し 훈독 つかう	写 베낄 사	음독 しゃ 훈독 うつす/うつる
始 비로소 시 시작할 시	음독 し 훈독 はじめる/はじまる	者 놈 자	음독 しゃ 훈독 もの
指 손가락 지	음독 し 훈독 ゆび/さす	主 주인 주 임금 주	음독 しゅ/す 훈독 ぬし/おも
歯 이 치	음독 し 훈독 は	守 지킬 수	음독 しゅ/す 훈독 まもる/もり
詩 시 시	음독 し 훈독 ―	取 가질 취	음독 しゅ 훈독 とる
次 버금 차	음독 じ/し 훈독 つぐ/つぎ	酒 술 주	음독 しゅ 훈독 さけ/さか
事 일 사	음독 じ/ず 훈독 こと	受 받을 수	음독 じゅ 훈독 うける/うかる
持 가질 지	음독 じ 훈독 もつ	州 고을 주	음독 しゅう 훈독 す

拾 주을 습	음독 しゅう/じゅう 훈독 ひろう
終 마칠 종	음독 しゅう 훈독 おわる/おえる
習 익힐 습	음독 しゅう 훈독 ならう
集 모을 집	음독 しゅう 훈독 あつまる/あつめる/ つどう
住 살 주	음독 じゅう 훈독 すむ/すまう
重 무거울 중	음독 じゅう/ちょう 훈독 え/おもい/かさねる/ かさなる
宿 잘 숙	음독 しゅく 훈독 やど/やどる/やどす
所 바 소	음독 しょ 훈독 ところ
暑 더울 서	음독 しょ 훈독 あつい
助 도울 조	음독 じょ 훈독 たすける/たすかる/すけ

昭 밝을 소	음독 しょう 훈독 一
消 사라질 소	음독 しょう 훈독 きえる/けす
商 장사 상	음독 しょう 훈독 あきなう
章 글 장	음독 しょう 훈독 一
勝 이길 승	음독 しょう 훈독 かつ/まさる
乗 탈 승	음독 じょう 훈독 のる/のせる
植 심을 식	음독 しょく 훈독 うえる/うわる
申 거듭 신 말할 신	음독 しん 훈독 もうす
身 몸 신	음독 しん 훈독 み
神 귀신 신	음독 しん/じん 훈독 かみ/かん/こう

真 참 진	음독 しん 훈독 ま	息 숨쉴 식	음독 そく 훈독 いき
深 깊을 심	음독 しん 훈독 ふかい/ふかまる/ ふかめる	速 빠를 속	음독 そく 훈독 はやい/はやめる/ はやまる/すみやか
進 나아갈 진	음독 しん 훈독 すすむ/すすめる	族 겨레 족	음독 ぞく 훈독 ─
世 인간 세	음독 せい/せ 훈독 よ	他 다를 타	음독 た 훈독 ほか
整 가지런할 정	음독 せい 훈독 ととのえる/ととのう	打 칠 타	음독 だ 훈독 うつ
昔 옛 석	음독 せき/しゃく 훈독 むかし	対 대할 대	음독 たい/つい 훈독 ─
全 온전할 전	음독 ぜん 훈독 まったく/すべて	待 기다릴 대	음독 たい 훈독 まつ
相 서로 상	음독 そう/しょう 훈독 あい	代 대신할 대	음독 だい/たい 훈독 かわる/かえる/よ/しろ
送 보낼 송	음독 そう 훈독 おくる	第 차례 제	음독 だい 훈독 ─
想 생각할 상	음독 そう/そ 훈독 ─	題 제목 제	음독 だい 훈독 ─

炭	음독 たん	定	음독 てい/じょう
숯 탄	훈독 すみ	정할 정	훈독 さだめる/さだまる/さだか

短	음독 たん	庭	음독 てい
짧을 단	훈독 みじかい	뜰 정	훈독 にわ

談	음독 だん	笛	음독 てき
말씀 담	훈독 ―	피리 적	훈독 ふえ

着	음독 ちゃく/じゃく	鉄	음독 てつ
붙을 착	훈독 きる/きせる/つく/つける	쇠 철	훈독 ―

注	음독 ちゅう	転	음독 てん
부을 주	훈독 そそぐ	구를 전	훈독 ころがる/ころげる/ころがす/ころぶ

柱	음독 ちゅう	都	음독 と/つ
기둥 주	훈독 はしら	도읍 도	훈독 みやこ

丁	음독 ちょう/てい	度	음독 ど/と/たく
장정 정 고무래 정	훈독 ―	법도 도	훈독 たび

帳	음독 ちょう	投	음독 とう
장막 장	훈독 ―	던질 투	훈독 なげる

調	음독 ちょう	豆	음독 とう/ず
고를 조	훈독 しらべる/ととのう/ととのえる	콩 두	훈독 まめ

追	음독 つい	島	음독 とう
따를 추	훈독 おう	섬 도	훈독 しま

湯 끓일 탕	음독 とう 훈독 ゆ	畑 밭 전	음독 ― 훈독 はた/はたけ
登 오를 등	음독 とう/と 훈독 のぼる	発 쏠 발	음독 はつ/ほつ 훈독 ―
等 무리 등	음독 とう 훈독 ひとしい	反 돌이킬 반	음독 はん/ほん/たん 훈독 そる/そらす
動 움직일 동	음독 どう 훈독 うごく/うごかす	坂 언덕 판	음독 はん 훈독 さか
童 아이 동	음독 どう 훈독 わらべ	板 널빤지 판	음독 はん/ばん 훈독 いた
農 농사 농	음독 のう 훈독 ―	皮 가죽 피	음독 ひ 훈독 かわ
波 물결 파	음독 は 훈독 なみ	悲 슬플 비	음독 ひ 훈독 かなしい/かなしむ
配 짝 배	음독 はい 훈독 くばる	美 아름다울 미	음독 び 훈독 うつくしい
倍 곱 배	음독 ばい 훈독 ―	鼻 코 비	음독 び 훈독 はな
箱 상자 상	음독 ― 훈독 はこ	筆 붓 필	음독 ひつ 훈독 ふで

氷 얼음 빙	음독 ひょう 훈독 こおり/ひ		平 평평할 평	음독 へい/びょう 훈독 たいら/ひら
表 겉 표	음독 ひょう 훈독 おもて/あらわす/ あらわれる		返 돌이킬 반	음독 へん 훈독 かえす/かえる
秒 분초 초	음독 びょう 훈독 ―		勉 힘쓸 면	음독 べん 훈독 ―
病 병들 병	음독 びょう/へい 훈독 やむ/やまい		放 놓을 방	음독 ほう 훈독 はなす/はなつ/ はなれる/ほうる
品 물건 품	음독 ひん 훈독 しな		味 맛 미	음독 み 훈독 あじ/あじわう
負 질 부	음독 ふ 훈독 まける/まかす/おう		命 목숨 명	음독 めい/みょう 훈독 いのち
部 떼 부	음독 ぶ 훈독 ―		面 낯 면	음독 めん 훈독 おも/おもて/つら
服 옷 복	음독 ふく 훈독 ―		問 물을 문	음독 もん 훈독 とう/とい/とん
福 복 복	음독 ふく 훈독 ―		役 부릴 역	음독 やく/えき 훈독 ―
物 물건 물	음독 ぶつ/もつ 훈독 もの		薬 약 약	음독 やく 훈독 くすり

由 까닭 유	음독 ゆ/ゆう/ゆい 훈독 よし
油 기름 유	음독 ゆ 훈독 あぶら
有 있을 유	음독 ゆう/う 훈독 ある
遊 놀 유	음독 ゆう/ゆ 훈독 あそぶ
予 미리 예	음독 よ 훈독 ―
羊 양 양	음독 よう 훈독 ひつじ
洋 큰바다 양	음독 よう 훈독 ―
葉 잎사귀 엽	음독 よう 훈독 は
陽 볕 양	음독 よう 훈독 ―
様 모양 양	음독 よう 훈독 さま

落 떨어질 락(낙)	음독 らく 훈독 おちる/おとす
流 흐를 류	음독 りゅう/る 훈독 ながれる/ながす
旅 나그네 려(여)	음독 りょ 훈독 たび
両 두 량	음독 りょう 훈독 ―
緑 푸를 록	음독 りょく/ろく 훈독 みどり
礼 예도 례	음독 れい/らい 훈독 ―
列 벌일 렬(열)	음독 れつ 훈독 ―
練 익힐 련(연)	음독 れん 훈독 ねる
路 길 로	음독 ろ 훈독 じ
和 화목할 화	음독 わ/お 훈독 やわらぐ/やわらげる/ なごむ/なごやか

愛 사랑 애	음독 あい 훈독 ―	塩 소금 염	음독 えん 훈독 しお
案 책상 안	음독 あん 훈독 ―	億 억 억	음독 おく 훈독 ―
以 써 이	음독 い 훈독 ―	加 더할 가	음독 か 훈독 くわえる/くわわる
衣 옷 의	음독 い 훈독 ころも	果 과실 과	음독 か 훈독 はたす/はてる/はて
位 자리 위	음독 い 훈독 くらい	貨 재화 화	음독 か 훈독 ―
囲 둘레 위	음독 い 훈독 かこむ/かこう	課 부과할 과	음독 か 훈독 ―
胃 밥통 위	음독 い 훈독 ―	芽 싹 아	음독 が 훈독 め
印 도장 인	음독 いん 훈독 しるし	改 고칠 개	음독 かい 훈독 あらためる/あらたまる
英 꽃부리 영	음독 えい 훈독 ―	械 기계 계	음독 かい 훈독 ―
栄 영화 영	음독 えい 훈독 さかえる/はえ/はえる	害 해할 해	음독 がい 훈독 ―

街 거리 가	음독 がい/かい 훈독 まち	季 계절 계	음독 き 훈독 ―
各 각각 각	음독 かく 훈독 おのおの	紀 벼리 기	음독 き 훈독 ―
覚 깨달을 각	음독 かく 훈독 おぼえる/さます/さめる	喜 기쁠 희	음독 き 훈독 よろこぶ
完 완전할 완	음독 かん 훈독 ―	旗 기 기	음독 き 훈독 はた
官 벼슬 관	음독 かん 훈독 ―	器 그릇 기	음독 き 훈독 うつわ
管 대롱 관	음독 かん 훈독 くだ	機 틀 기	음독 き 훈독 はた
関 관계할 관	음독 かん 훈독 せき/かかわる	議 의논할 의	음독 ぎ 훈독 ―
観 볼 관	음독 かん 훈독 ―	求 구할 구	음독 きゅう 훈독 もとめる
願 원할 원	음독 がん 훈독 ねがう	泣 울 읍	음독 きゅう 훈독 なく
希 바랄 희	음독 き 훈독 ―	救 구원할 구	음독 きゅう 훈독 すくう

給 줄 급	음독 きゅう 훈독 －	郡 고을 군	음독 ぐん 훈독 －
挙 들 거	음독 きょ 훈독 あげる/あがる	径 지름길 경	음독 けい 훈독 －
漁 고기잡을 어	음독 ぎょ/りょう 훈독 －	型 모양 형	음독 けい 훈독 かた
共 함께 공	음독 きょう 훈독 とも	景 볕 경	음독 けい 훈독 －
協 도울 협	음독 きょう 훈독 －	芸 재주 예	음독 げい 훈독 －
鏡 거울 경	음독 きょう 훈독 かがみ	欠 모자랄 결	음독 けつ 훈독 かける/かく
競 다툴 경	음독 きょう/けい 훈독 きそう/せる	結 맺을 결	음독 けつ 훈독 むすぶ/ゆう/ゆわえる
極 지극할 극	음독 きょく/ごく 훈독 きわめる/きわまる/ きわみ	建 세울 건	음독 けん/こん 훈독 たてる/たつ
訓 가르칠 훈	음독 くん 훈독 －	健 건강할 건	음독 けん 훈독 すこやか
軍 군사 군	음독 ぐん 훈독 －	験 시험할 험	음독 けん/げん 훈독 －

固 굳을 고	음독 こ 훈독 かためる/かたまる/ かたい	材 재목 재	음독 ざい 훈독 一
功 공 공	음독 こう/く 훈독 一	昨 어제 작	음독 さく 훈독 一
好 좋을 호	음독 こう 훈독 このむ/すく	札 편지 찰	음독 さつ 훈독 ふだ
候 철 후	음독 こう 훈독 そうろう	刷 인쇄할 쇄	음독 さつ 훈독 する
航 배 항	음독 こう 훈독 一	殺 죽일 살	음독 さつ/さい/せつ 훈독 ころす
康 편안할 강	음독 こう 훈독 一	察 살필 찰	음독 さつ 훈독 一
告 고할 고	음독 こく 훈독 つげる	参 석 삼	음독 さん 훈독 まいる
差 어긋날 차	음독 さ 훈독 さす	産 낳을 산	음독 さん 훈독 うむ/うまれる/うぶ
菜 나물 채	음독 さい 훈독 な	散 흩을 산	음독 さん 훈독 ちる/ちらす/ちらかす/ ちらかる
最 가장 최	음독 さい 훈독 もっとも	残 남을 잔	음독 ざん 훈독 のこる/のこす

士 선비 사	음독 し 훈독 ー
氏 성 씨	음독 し 훈독 うじ
史 역사 사	음독 し 훈독 ー
司 맡을 사	음독 し 훈독 ー
試 시험할 시	음독 し 훈독 こころみる/ためす
児 아이 아	음독 じ/に 훈독 ー
治 다스릴 치	음독 じ/ち 훈독 おさめる/おさまる/なおる/なおす
辞 말 사	음독 じ 훈독 やめる
失 잃을 실	음독 しつ 훈독 うしなう
借 빌릴 차	음독 しゃく 훈독 かりる
種 씨 종	음독 しゅ 훈독 たね
周 두루 주	음독 しゅう 훈독 まわり
祝 빌 축	음독 しゅく/しゅう 훈독 いわう
順 순할 순	음독 じゅん 훈독 ー
初 처음 초	음독 しょ 훈독 はじめ/はじめて/はつ/うい/そめる
松 소나무 송	음독 しょう 훈독 まつ
笑 웃을 소	음독 しょう 훈독 わらう/えむ
唱 노래 창	음독 しょう 훈독 となえる
焼 불사를 소	음독 しょう 훈독 やく/やける
象 코끼리 상	음독 しょう/ぞう 훈독 ー

照 비출 조	음독 しょう 훈독 てる/てらす/てれる		**折** 꺾을 절	음독 せつ 훈독 おる/おり/おれる
賞 상줄 상	음독 しょう 훈독 ㅡ		**節** 마디 절	음독 せつ/せち 훈독 ふし
臣 신하 신	음독 しん/じん 훈독 ㅡ		**説** 말씀 설	음독 せつ/ぜい 훈독 とく
信 믿을 신	음독 しん 훈독 ㅡ		**浅** 얕을 천	음독 せん 훈독 あさい
成 이룰 성	음독 せい/じょう 훈독 なる/なす		**戦** 싸움 전	음독 せん 훈독 いくさ/たたかう
省 살필 성 덜 생	음독 せい/ しょう 훈독 かえりみる/はぶく		**選** 가릴 선	음독 せん 훈독 えらぶ
清 맑을 청	음독 せい 훈독 きよい/きよまる/ きよめる		**然** 그러할 연	음독 ぜん/ねん 훈독 ㅡ
静 고요할 정	음독 せい/じょう 훈독 しず/しずか/しずまる/ しずめる		**争** 다툴 쟁	음독 そう 훈독 あらそう
席 자리 석	음독 せき 훈독 ㅡ		**倉** 곳집 창	음독 そう 훈독 くら
積 쌓을 적	음독 せき 훈독 つむ/つもる		**巣** 새집 소	음독 そう 훈독 す

束 묶을 속	음독 そく 훈독 たば		仲 버금 중	음독 ちゅう 훈독 なか
側 곁 측	음독 そく 훈독 がわ		貯 쌓을 저	음독 ちょ 훈독 ―
続 이을 속	음독 ぞく 훈독 つづく/つづける		兆 조 조	음독 ちょう 훈독 きざす/きざし
卒 마칠 졸	음독 そつ 훈독 ―		腸 창자 장	음독 ちょう 훈독 ―
孫 손자 손	음독 そん 훈독 まご		低 낮을 저	음독 てい 훈독 ひくい/ひくめる/ ひくまる
帯 띠 대	음독 たい 훈독 おびる/おび		底 밑 저	음독 てい 훈독 そこ
隊 무리 대	음독 たい 훈독 ―		停 머무를 정	음독 てい 훈독 ―
達 통달할 달	음독 たつ 훈독 ―		的 과녁 적	음독 てき 훈독 まと
単 홑 단	음독 たん 훈독 ―		典 법 전	음독 てん 훈독 ―
置 둘 치	음독 ち 훈독 おく		伝 전할 전	음독 でん 훈독 つたわる/つたえる/ つたう

徒 무리 도	음독 と 훈독 ―	敗 패할 패	음독 はい 훈독 やぶれる
努 힘쓸 노	음독 ど 훈독 つとめる	梅 매화 매	음독 ばい 훈독 うめ
灯 등잔 등	음독 とう 훈독 ひ	博 넓을 박	음독 はく/ばく 훈독 ―
堂 집 당	음독 どう 훈독 ―	飯 밥 반	음독 はん 훈독 めし
働 노동 동	음독 どう 훈독 はたらく	飛 날 비	음독 ひ 훈독 とぶ/とばす
特 유다를 특	음독 とく 훈독 ―	費 소비할 비	음독 ひ 훈독 ついやす/ついえる
得 얻을 특	음독 とく 훈독 える/うる	必 반드시 필	음독 ひつ 훈독 かならず
毒 독할 독	음독 どく 훈독 ―	票 쪽지 표	음독 ひょう 훈독 ―
熱 더울 열	음독 ねつ 훈독 あつい	標 표할 표	음독 ひょう 훈독 ―
念 생각 념(염)	음독 ねん 훈독 ―	不 아닐 부 아닐 불	음독 ふ/ぶ 훈독 ―

夫 사내 부	음독 ふ/ふう 훈독 おっと	包 쌀 포	음독 ほう 훈독 つつむ
付 줄 부	음독 ふ 훈독 つける/つく	法 법 법	음독 ほう/はっ/ほっ 훈독 ―
府 마을 부	음독 ふ 훈독 ―	望 바랄 망	음독 ぼう/もう 훈독 のぞむ
副 버금 부	음독 ふく 훈독 ―	牧 칠 목	음독 ぼく 훈독 まき
粉 가루 분	음독 ふん 훈독 こ/こな	末 끝 말	음독 まつ/ばつ 훈독 すえ
兵 군사 병	음독 へい/ひょう 훈독 ―	満 찰 만	음독 まん 훈독 みちる/みたす
別 나눌 별	음독 べつ 훈독 わかれる	未 아닐 미	음독 み 훈독 ―
辺 가 변	음독 へん 훈독 あたり/べ	脈 맥 맥	음독 みゃく 훈독 ―
変 변할 변	음독 へん 훈독 かわる/かえる	民 백성 민	음독 みん 훈독 たみ
便 편할 편	음독 べん/びん 훈독 たより	無 없을 무	음독 む/ぶ 훈독 ない

約 약속할 약	음독 やく 훈독 ―	輪 바퀴 륜	음독 りん 훈독 わ
勇 날랠 용	음독 ゆう 훈독 いさむ	類 무리 류	음독 るい 훈독 たぐい
要 중요할 요	음독 よう 훈독 かなめ/いる	令 명령할 령	음독 れい 훈독 ―
養 기를 양	음독 よう 훈독 やしなう	冷 찰 랭	음독 れい 훈독 つめたい/ひえる/ひや/ ひやす/ひやかす/ さめる/さます
浴 목욕할 욕	음독 よく 훈독 あびる/あびせる	例 법식 례(예) 보기 예	음독 れい 훈독 たとえる
利 이로울 리	음독 り 훈독 きく	歴 지낼 력	음독 れき 훈독 ―
陸 뭍 육	음독 りく 훈독 ―	連 이을 련(연)	음독 れん 훈독 つらなる/つらねる/ つれる
良 어질 량(양)	음독 りょう 훈독 よい	老 늙을 로	음독 ろう 훈독 おいる/ふける
料 헤아릴 료(요)	음독 りょう 훈독 ―	労 일할 로	음독 ろう 훈독 ―
量 헤아릴 량	음독 りょう 훈독 はかる	録 기록할 록	음독 ろく 훈독 ―

圧 누를 압	음독 あつ 훈독 ―		応 응할 응	음독 おう 훈독 ―
移 옮길 이	음독 い 훈독 うつる/うつす		往 갈 왕	음독 おう 훈독 ―
因 인할 인	음독 いん 훈독 よる		桜 앵두 앵	음독 おう 훈독 さくら
永 길 영	음독 えい 훈독 ながい		恩 은혜 은	음독 おん 훈독 ―
営 경영할 영	음독 えい 훈독 いとなむ		可 옳을 가	음독 か 훈독 ―
衛 호위할 위	음독 えい 훈독 ―		仮 거짓 가	음독 か/け 훈독 かり
易 쉬울 이 바꿀 역	음독 えき/い 훈독 やさしい		価 값 가	음독 か 훈독 あたい
益 더할 익	음독 えき/やく 훈독 ―		河 물 하	음독 か 훈독 かわ
液 진 액	음독 えき 훈독 ―		過 지날 과	음독 か 훈독 すぎる/すごす/あやまつ/ あやまち
演 펼 연	음독 えん 훈독 ―		賀 하례할 하	음독 が 훈독 ―

快 쾌할 쾌	음독 かい 훈독 こころよい	**寄** 부칠 기	음독 き 훈독 よる/よせる
解 풀 해	음독 かい/げ 훈독 とく/とかす/とける	**規** 법 규	음독 き 훈독 ―
格 격식 격	음독 かく/こう 훈독 ―	**技** 재주 기	음독 ぎ 훈독 わざ
確 확신할 확	음독 かく 훈독 たしか/たしかめる	**義** 옳을 의	음독 ぎ 훈독 ―
額 이마 액	음독 がく 훈독 ひたい	**逆** 거스를 역	음독 ぎゃく 훈독 さか/さからう
刊 책 펴낼 간	음독 かん 훈독 ―	**久** 오랠 구	음독 きゅう/く 훈독 ひさしい
幹 줄기 간	음독 かん 훈독 みき	**旧** 옛 구	음독 きゅう 훈독 ―
慣 익숙할 관	음독 かん 훈독 なれる/ならす	**居** 살 거	음독 きょ 훈독 いる
眼 눈 안	음독 がん/げん 훈독 まなこ	**許** 허락할 허	음독 きょ 훈독 ゆるす
基 터 기	음독 き 훈독 もと/もとい	**境** 경계 경	음독 きょう/けい 훈독 さかい

均 고를 균	음독 きん 훈독 ―	限 한정 한	음독 げん 훈독 かぎる
禁 금할 금	음독 きん 훈독 ―	現 나타날 현	음독 げん 훈독 あらわれる/あらわす
句 글귀 구	음독 く 훈독 ―	減 덜 감	음독 げん 훈독 へる/へらす
群 무리 군	음독 ぐん 훈독 むれる/むれ/ むら	故 연고 고	음독 こ 훈독 ゆえ
経 지날 경	음독 けい/きょう 훈독 へる	個 낱 개	음독 こ 훈독 ―
潔 밝을 결	음독 けつ 훈독 いさぎよい	護 보호할 호	음독 ご 훈독 ―
件 일 건	음독 けん 훈독 ―	効 본받을 효	음독 こう 훈독 きく
券 문서 권	음독 けん 훈독 ―	厚 두터울 후	음독 こう 훈독 あつい
険 험할 험	음독 けん 훈독 けわしい	耕 밭갈 경	음독 こう 훈독 たがやす
検 검사할 검	음독 けん 훈독 ―	鉱 쇳돌 광	음독 こう 훈독 ―

構 얽을 구	음독 こう 훈독 かまえる/かまう	**在** 있을 재	음독 ざい 훈독 ある
興 흥할 흥	음독 こう/きょう 훈독 おこる/おこす	**財** 재물 재	음독 ざい/さい 훈독 —
講 익힐 강	음독 こう 훈독 —	**罪** 허물 죄	음독 ざい 훈독 つみ
混 섞일 혼	음독 こん 훈독 まじる/まざる/まぜる/ こむ	**雑** 섞일 잡	음독 ざつ/ぞう 훈독 —
査 조사할 사	음독 さ 훈독 —	**酸** 초 산	음독 さん 훈독 すい
再 두 재	음독 さい/さ 훈독 ふたたび	**賛** 찬성할 찬	음독 さん 훈독 —
災 재앙 재	음독 さい 훈독 わざわい	**支** 지탱할 지	음독 し 훈독 ささえる
妻 아내 처	음독 さい 훈독 つま	**志** 뜻 지	음독 し 훈독 こころざす/こころざし
採 캘 채	음독 さい 훈독 とる	**枝** 가지 지	음독 し 훈독 えだ
際 즈음 제	음독 さい 훈독 きわ	**師** 스승 사	음독 し 훈독 —

資 재물 자	음독 し 훈독 ―		**述** 지을 술	음독 じゅつ 훈독 のべる
飼 기를 사	음독 し 훈독 かう		**術** 재주 술	음독 じゅつ 훈독 ―
示 보일 시	음독 じ/し 훈독 しめす		**準** 법도 준	음독 じゅん 훈독 ―
似 같을 사	음독 じ 훈독 にる		**序** 차례 서	음독 じょ 훈독 ―
識 알 식	음독 しき 훈독 ―		**招** 부를 초	음독 しょう 훈독 まねく
質 바탕 질	음독 しつ/しち/ち 훈독		**承** 이을 승	음독 しょう 훈독 うけたまわる
舎 집 사	음독 しゃ 훈독 ―		**証** 증거 증	음독 しょう 훈독 ―
謝 사례할 사	음독 しゃ 훈독 あやまる		**条** 조목 조	음독 じょう 훈독 ―
授 줄 수	음독 じゅ 훈독 さずける/さずかる		**状** 형상 상 문서 장	음독 じょう 훈독 ―
修 닦을 수	음독 しゅう/しゅ 훈독 おさめる/おさまる		**常** 항상 상	음독 じょう 훈독 つね/とこ

情 뜻 정	음독 じょう/せい 훈독 なさけ	責 꾸짖을 책	음독 せき 훈독 せめる
織 짤 직	음독 しょく/しき 훈독 おる	績 길쌈할 적	음독 せき 훈독 ー
職 직분 직	음독 しょく 훈독 ー	接 이을 접	음독 せつ 훈독 つぐ
制 절제할 제 만들 제	음독 せい 훈독 ー	設 베풀 설	음독 せつ 훈독 もうける
性 성품 성	음독 せい/しょう 훈독 ー	舌 혀 설	음독 ぜつ 훈독 した
政 정사 정	음독 せい/しょう 훈독 まつりごと	絶 끊을 절	음독 ぜつ 훈독 たえる/たやす/たつ
勢 기세 세	음독 せい 훈독 いきおい	銭 돈 전	음독 せん 훈독 ぜに
精 정미할 정	음독 せい/しょう 훈독 ー	祖 할아비 조	음독 そ 훈독 ー
製 만들 제	음독 せい 훈독 ー	素 흴 소 본디 소	음독 そ/す 훈독 ー
税 세금 세	음독 ぜい 훈독 ー	総 거느릴 총	음독 そう 훈독 ー

造	음독 ぞう	態	음독 たい
지을 조	훈독 つくる	태도 태	훈독 ー

像	음독 ぞう	団	음독 だん/とん
형상 상	훈독 ー	둥글 단	훈독 ー

増	음독 ぞう	断	음독 だん
더할 증	훈독 ます/ふえる/ふやす	끊을 단	훈독 たつ/ことわる

則	음독 そく	築	음독 ちく
법 칙	훈독 ー	쌓을 축	훈독 きずく

測	음독 そく	張	음독 ちょう
헤아릴 측	훈독 はかる	베풀 장	훈독 はる

属	음독 ぞく	提	음독 てい
붙을 속	훈독 ー	들 제	훈독 さげる

率	음독 そつ/りっ	程	음독 てい
비율 률(율) 거느릴 솔	훈독 ひきいる	한도 정 길 정	훈독 ほど

損	음독 そん	適	음독 てき
덜 손	훈독 そこなう/そこねる	맞을 적	훈독 ー

退	음독 たい	敵	음독 てき
물러날 퇴	훈독 しりぞく/しりぞける	원수 적	훈독 かたき

貸	음독 たい	統	음독 とう
빌릴 대	훈독 かす	거느릴 통	훈독 すべる

銅 구리 동	음독 どう 훈독 ―	版 판목 판	음독 はん 훈독 ―
導 인도할 도	음독 どう 훈독 みちびく	比 견줄 비	음독 ひ 훈독 くらべる
徳 큰 덕	음독 とく 훈독 ―	肥 살찔 비	음독 ひ 훈독 こえる/こえ/こやす/ こやし
独 홀로 독	음독 どく 훈독 ひとり	非 아닐 비	음독 ひ 훈독 かなしい/かなしむ
任 맡길 임	음독 にん 훈독 まかせる/まかす	備 갖출 비	음독 び 훈독 そなえる/そなわる
燃 탈 연	음독 ねん 훈독 もえる/もやす/もす	俵 나누어줄 표	음독 ひょう 훈독 たわら
能 능할 능	음독 のう 훈독 ―	評 평론할 평	음독 ひょう 훈독 ―
破 깨뜨릴 파	음독 は 훈독 やぶる/やぶれる	貧 가난할 빈	음독 ひん/びん 훈독 まずしい
犯 범할 범	음독 はん 훈독 おかす	布 베 포	음독 ふ 훈독 ぬの
判 판단할 판	음독 はん/ばん 훈독 ―	婦 며느리 부	음독 ふ 훈독 ―

富 부할 부	음독 ふ/ふう	豊 풍성할 풍	음독 ほう
	훈독 とむ/とみ		훈독 ゆたか
武 호반 무	음독 ぶ/む	防 막을 방	음독 ぼう
	훈독 ―		훈독 ふせぐ
復 회복할 복 다시 부	음독 ふく	貿 무역할 무	음독 ぼう
	훈독 ―		훈독 ―
複 겹칠 복	음독 ふく	暴 사나울 폭	음독 ぼう/ばく
	훈독 ―		훈독 あばく/あばれる
仏 부처 불	음독 ぶつ	務 힘쓸 무	음독 む
	훈독 ほとけ		훈독 つとめる
編 엮을 편	음독 へん	夢 꿈 몽	음독 む
	훈독 あむ		훈독 ゆめ
弁 꼬깔 변	음독 べん	迷 미혹할 미	음독 めい
	훈독 ―		훈독 まよう
保 보호할 보	음독 ほ	綿 솜 면	음독 めん
	훈독 たもつ		훈독 わた
墓 무덤 묘	음독 ぼ	輸 보낼 수	음독 ゆ
	훈독 はか		훈독 ―
報 알릴 보 갚을 보	음독 ほう	余 남을 여	음독 よ
	훈독 むくいる		훈독 あまる/あます

預 미리 예	음독 よ 훈독 あずける/あずかる	留 머무를 류	음독 りゅう/る 훈독 とめる/とまる
容 얼굴 용	음독 よう 훈독 ㅡ	領 차지할 령(영)	음독 りょう 훈독 ㅡ
略 간략할 략(약)	음독 りゃく 훈독 ㅡ		

異 다를 이	음독 い 훈독 こと	沿 따를 연	음독 えん 훈독 そう
遺 남길 유	음독 い/ゆい 훈독 ㅡ	我 나 아	음독 が 훈독 われ/わ
域 지경 역	음독 いき 훈독 ㅡ	灰 재 회	음독 かい 훈독 はい
宇 집 우	음독 う 훈독 ㅡ	拡 넓힐 확	음독 かく 훈독 ㅡ
映 비칠 영	음독 えい 훈독 うつる/うつす/はえる	革 가죽 혁	음독 かく 훈독 かわ
延 끌 연	음독 えん 훈독 のびる/のべる/のばす	閣 누각 각	음독 かく 훈독 ㅡ

割 나눌 할	음독 かつ 훈독 わる/わり/われる/さく
株 그루 주	음독 ― 훈독 かぶ
干 방패 간	음독 かん 훈독 ほす/ひる
巻 책 권	음독 かん 훈독 まく/まき
看 볼 간	음독 かん 훈독 ―
簡 편지 간	음독 かん 훈독 ―
危 위태할 위	음독 き 훈독 あぶない/あやうい/ あやぶむ
机 책상 궤	음독 き 훈독 つくえ
揮 휘두를 휘	음독 き 훈독 ―
貴 귀할 귀	음독 き 훈독 たっとい/とうとい/ たっとぶ/とうとぶ

疑 의심할 의	음독 ぎ 훈독 うたがう
吸 숨 들이쉴 흡	음독 きゅう 훈독 すう
供 이바지할 공	음독 きょう/く 훈독 そなえる/とも
胸 가슴 흉	음독 きょう 훈독 むね/むな
郷 시골 향	음독 きょう 훈독 ごう
勤 부지런할 근	음독 きん/ごん 훈독 つとめる/つとまる
筋 힘줄 근	음독 きん 훈독 すじ
系 맬 계	음독 けい 훈독 ―
敬 공경할 경	음독 けい 훈독 うやまう
警 경계할 경	음독 けい 훈독 ―

劇 연극 극	음독 げき 훈독 ―	誤 그르칠 오	음독 ご 훈독 あやまる
激 과격할 격	음독 げき 훈독 はげしい	后 왕비 후	음독 こう 훈독 ―
穴 구멍 혈	음독 けつ 훈독 あな	孝 효도 효	음독 こう 훈독 ―
絹 비단 견	음독 けん 훈독 きぬ	皇 임금 황	음독 こう/おう 훈독 ―
権 권세 권	음독 けん/ごん 훈독 ―	紅 붉을 홍	음독 こう/く 훈독 べに/くれない
憲 법 헌	음독 けん 훈독 ―	降 내릴 강 항복할 항	음독 こう 훈독 おりる/おろす/ふる
源 근원 원	음독 げん 훈독 みなもと	鋼 강철 강	음독 こう 훈독 はがね
厳 엄할 엄	음독 げん/ごん 훈독 おごそか/きびしい	刻 새길 각	음독 こく 훈독 きざむ
己 몸 기	음독 こ/き 훈독 おのれ	穀 곡식 곡	음독 こく 훈독 ―
呼 부를 호	음독 こ 훈독 よぶ	骨 뼈 골	음독 こつ 훈독 ほね

困 곤란할 곤	음독 こん 훈독 こまる	姿 맵시 자	음독 し 훈독 すがた
砂 모래 사	음독 さ/しゃ 훈독 すな	視 볼 시	음독 し 훈독 ―
座 자리 좌	음독 ざ 훈독 すわる	詞 말 사	음독 し 훈독 ―
済 건널 제	음독 さい 훈독 すむ/すます	誌 기록할 지	음독 し 훈독 ―
裁 마를 재	음독 さい 훈독 たつ/さばく	磁 자석 자	음독 じ 훈독 ―
策 꾀 책	음독 さく 훈독 ―	射 쏠 사	음독 しゃ 훈독 いる
冊 책 책	음독 さつ/さく 훈독 ―	捨 버릴 사	음독 しゃ 훈독 すてる
蚕 누에 잠	음독 さん 훈독 かいこ	尺 자 척	음독 しゃく 훈독 ―
至 이를 지	음독 し 훈독 いたる	若 같을 약	음독 じゃく/にゃく 훈독 わかい/もしくは
私 사사 사	음독 し 훈독 わたくし/わたし	樹 나무 수	음독 じゅ 훈독 ―

収 거둘 수	음독 しゅう 훈독 おさめる/おさまる	署 관청 서	음독 しょ 훈독 ―
宗 으뜸 종	음독 しゅう/そう 훈독 ―	諸 모두 제	음독 しょ 훈독 ―
就 나아갈 취	음독 しゅう/じゅ 훈독 つく/つける	除 덜 제	음독 じょ/じ 훈독 のぞく
衆 무리 중	음독 しゅう/しゅ 훈독 ―	将 장수 장	음독 しょう 훈독 ―
従 좇을 종	음독 じゅう/しょう/じゅ 훈독 したがう/したがえる	傷 상처 상	음독 しょう 훈독 きず/いたむ/いためる
縦 세로 종	음독 じゅう 훈독 たて	障 막힐 장	음독 しょう 훈독 さわる
縮 오그라들 축	음독 しゅく 훈독 ちぢむ/ちぢまる/ ちぢめる/ちぢれる/ ちぢらす	城 성 성	음독 じょう 훈독 しろ
熟 익을 숙	음독 じゅく 훈독 うれる	蒸 찔 증	음독 じょう 훈독 むす/むれる/むらす
純 순수할 순	음독 じゅん 훈독 ―	針 바늘 침	음독 しん 훈독 はり
処 곳 처 처리할 처	음독 しょ 훈독 ―	仁 어질 인	음독 じん/に 훈독 ―

垂 드리울 수	음독 すい 훈독 たれる/たらす	染 물들일 염	음독 せん 훈독 そめる/そまる/しみる/ しみ
推 밀 추	음독 すい 훈독 おす	善 착할 선	음독 ぜん 훈독 よい
寸 마디 촌	음독 すん 훈독 ―	奏 연주할 주	음독 そう 훈독 かなでる
盛 성할 성	음독 せい/じょう 훈독 もる/さかる/さかん	窓 창 창	음독 そう 훈독 まど
聖 성인 성	음독 せい 훈독 ―	創 비롯할 창	음독 そう 훈독 つくる
誠 정성 성	음독 せい 훈독 まこと	装 장식할 장	음독 そう/しょう 훈독 よそおう
宣 베풀 선	음독 せん 훈독 ―	層 층 층	음독 そう 훈독 ―
専 오로지 전	음독 せん 훈독 もっぱら	操 잡을 조	음독 そう 훈독 みさお/あやつる
泉 샘 천	음독 せん 훈독 いずみ	蔵 곳집 장	음독 ぞう 훈독 くら
洗 씻을 세	음독 せん 훈독 あらう	臓 오장 장	음독 ぞう 훈독 ―

存 있을 존	음독 そん/ぞん 훈독 ―	忠 충성 충	음독 ちゅう 훈독 ―
尊 높을 존	음독 ぞん 훈독 たっとい/とうとい/ たっとぶ/とうとぶ	著 지을 저	음독 ちょ 훈독 あらわす/いちじるしい
宅 집 택	음독 たく 훈독 ―	庁 관청 청	음독 ちょう 훈독 ―
担 멜 담	음독 たん 훈독 かつぐ/になう	頂 꼭대기 정	음독 ちょう 훈독 いただく/いただき
探 찾을 탐	음독 たん 훈독 さぐる/さがす	潮 조수 조	음독 ちょう 훈독 しお
誕 태어날 탄	음독 たん 훈독 ―	賃 품팔이 임	음독 ちん 훈독 ―
段 층계 단	음독 だん 훈독 ―	痛 아플 통	음독 そう 훈독 いたい/いたむ/いためる
暖 따뜻할 난	음독 だん 훈독 あたたか/あたたかい/ あたたまる/あたためる	展 펼 전	음독 てん 훈독 ―
値 값 치	음독 ち 훈독 ね/あたい	討 칠 토	음독 とう 훈독 うつ
宙 집 주	음독 ちゅう 훈독 ―	党 무리 당	음독 とう 훈독 ―

糖	음독 とう
사탕 당	훈독 ―

屆	음독 ―
이를 계	훈독 とどける/とどく

難	음독 なん
어려울 난	훈독 かたい/むずかしい

乳	음독 にゅう
젖 유	훈독 ちち/ち

認	음독 にん
알 인	훈독 みとめる

納	음독 のう/なっ/な/なん/とう
들일 납	훈독 おさめる/おさまる

腦	음독 のう
뇌 뇌	훈독 ―

派	음독 は
물갈래 파	훈독 ―

拜	음독 はい
절 배	훈독 おがむ

背	음독 はい
등 배	훈독 せ/せい/そむく/そむける

肺	음독 はい
허파 폐	훈독 ―

俳	음독 はい
배우 배	훈독 ―

班	음독 はん
나눌 반	훈독 ―

晩	음독 ばん
늦을 만	훈독 ―

否	음독 ひ
아닐 부 막힐 비	훈독 いな

批	음독 ひ
비평할 비	훈독 ―

秘	음독 ひ
숨길 비	훈독 ひめる

腹	음독 ふく
배 복	훈독 はら

奮	음독 ふん
떨칠 분	훈독 ふるう

並	음독 へい
나란할 병	훈독 なみ/ならべる/ならぶ/ ならびに

陛 대궐 섬돌 폐	음독 へい 훈독 ―	枚 낱 매	음독 まい 훈독 ―
閉 닫을 폐	음독 へい 훈독 とじる/とざす/しめる/ しまる	幕 막 막	음독 まく/ばく 훈독 ―
片 조각 편	음독 へん 훈독 かた	密 빽빽할 밀	음독 みつ 훈독 ―
補 기울 보	음독 ほ 훈독 おぎなう	盟 맹세할 맹	음독 めい 훈독 ―
暮 저물 모	음독 ぼ 훈독 くれる/くらす	模 본뜰 모	음독 も/ぼ 훈독 ―
宝 보배 보	음독 ほう 훈독 たから	訳 통변할 역	음독 やく 훈독 わけ
訪 찾을 방	음독 ほう 훈독 おとずれる/たずねる	郵 우편 우	음독 ゆう 훈독 ―
亡 망할 망	음독 ぼう/もう 훈독 ない	優 넉넉할 우	음독 ゆう 훈독 やさしい/すぐれる
忘 잊을 망	음독 ぼう 훈독 わすれる	幼 어릴 유	음독 よう 훈독 おさない
棒 몽둥이 봉	음독 ぼう 훈독 ―	欲 하고자 할 욕	음독 よく 훈독 ほっする/ほしい

翌 이튿날 익	음독 よく 훈독 ―	律 법 률	음독 りつ/りち 훈독 ―
乱 어지러울 란	음독 らん 훈독 みだれる/みだす	臨 임할 림(임)	음독 りん 훈독 のぞむ
卵 알 란(난)	음독 らん 훈독 たまご	朗 밝을 랑(낭)	음독 ろう 훈독 ほがらか
覧 볼 람	음독 らん 훈독 ―	論 논할 론(논)	음독 ろん 훈독 ―
裏 속 리	음독 り 훈독 うら		

일본 교육한자(1026자) 변경사항 일람표

일본 교육한자 총1026자	초등학교 1학년 (80자) 초등학교 2학년 (160자) 초등학교 3학년 (200자) 초등학교 4학년 (202자) 초등학교 5학년 (193자) 초등학교 6학년 (191자)		

개정 전과의 비교(1006자에서 1026자로 변경)

5학년에서 4학년으로 이동(4자)	賀 하례할 하 富 부자 부	群 무리 군	德 덕/큰 덕
6학년에서 4학년으로 이동(1자)	城 재 성		
4학년에서 5학년으로 이동(21자)	囲 둘레 위 救 구원할 구 告 고할 고 史 사기 사 貯 쌓을 저 得 얻을 득 粉 가루 분	紀 벼리 기 型 모형 형 殺 죽일 살, 빠를 쇄 象 코끼리 상 停 머무를 정 毒 독 독 脈 줄기 맥	喜 기쁠 희 航 배 항 士 선비 사 賞 상줄 상 堂 집 당 費 쓸 비 歷 지낼 력
4학년에서 6학년으로 이동(2자)	胃 밥통 위	腸 창자 장	
5학년에서 6학년으로 이동(9자)	恩 은혜 은 舌 혀 설 敵 대적할 적	券 문서 권 錢 돈 전 俵 나누어줄 표	承 이을 승 退 물러날 퇴 預 맡길/미리 예
일본 중학교에서 초등학교 4학년으로 이동한 교육한자(20자)	茨 지붕일 자 潟 개펄 석 香 향기 향 崎 험할 기 縄 줄 승 栃 상수리나무 회 阪 언덕 판	媛 여자 원 岐 갈림길 기 佐 도울 좌 滋 불을 자 井 우물 정 奈 어찌 내(나) 阜 언덕 부	岡 산등성이 강 熊 곰 웅 埼 갑 기 鹿 사슴 록(녹) 沖 화할 충 梨 배 리(이)

〈일본 중학교에서 초등학교 4학년으로 이동한 교육한자(20자)〉
일본 교육한자 1026자로 변경 추가된 한자 20자 음·훈 맵 정리

茨 지붕일 자	음독 − 훈독 いばら	
岡 산등성이 강	음독 − 훈독 おか	
岐 갈림길 기	음독 き 훈독 −	
香 향기 향	음독 こう/きょう 훈독 か/かおり/かおる	
埼 갑 기	음독 − 훈독 さい	
滋 불을 자	음독 じ 훈독 −	
縄 줄 승	음독 じょう 훈독 なわ	
沖 화할 충	음독 ちゅう 훈독 おき	
奈 어찌 내(나)	음독 な 훈독 −	
阪 언덕 판	음독 はん 훈독 −	
媛 여자 원	음독 えん 훈독 −	
潟 개펄 석	음독 − 훈독 かた	
熊 곰 웅	음독 − 훈독 くま	
佐 도울 좌	음독 さ 훈독 −	
崎 험할 기	음독 − 훈독 さき	
鹿 사슴 록(녹)	음독 − 훈독 か/しか	
井 우물 정	음독 しょう/せい 훈독 い	
栃 상수리나무 회	음독 − 훈독 とち	
梨 배 리(이)	음독 − 훈독 なし	
阜 언덕 부	음독 ふ 훈독 −	

사업자등록번호 : 206-93-43138

품격일본어 교습소

교육상담 010-5180-9150

품격일본어 교습소

□ 모집대상
초/중/고(소수 정예수업)

□ 수업편성
초급/중급/고급 회화반
시험대비반(新JLPT, JPT)

□ 개인수준맞춤지도

품 격

일

본

어

교습소

私も日本語のプロになって日本語で大学に行ける。
나도 일본어 짱이 되어 일본어로 대학에 갈 수 있다.

일본 유학 약 6년 6개월/N1 180만점/원장 직강

교습비 등 게시표

(제8조 관련)

교습 과정	교습 과목	정원 (반당)	주 총교습 시간(①)	월 총교습 시간②(①×4.2주)	월 교습비 (원)	기타 경비	
						구분	금액(원)
보습	일어 초등	2	105분 주2회 총 210분	210×4.2 총 882분	162,000원	초중고 공통 / 기타 경비 없음	0
보습	일어 초등	2	105분 주3회 총 315분	315×4.2 총 1,323분	243,000원		0
보습	일어 중등	2	105분 주2회 총 210분	210×4.2 총 882분	176,000원		0
보습	일어 중등	2	105분 주3회 총 315분	315×4.2 총 1,323분	264,000원		0
보습	일어 중등	2	105분 주4회 총 420분	420×4.2 총 1,764분	352,000원		0
보습	일어 고등	2	105분 주2회 총 210분	210×4.2 총 882분	190,000원		0
보습	일어 고등	2	105분 주3회 총 315분	315×4.2 총 1,323분	285,000원		0
보습	일어 고등	2	105분 주4회 총 420분	420×4.2 총 1,764분	381,000원		0
보습	일어 고등	2	105분 주5회 총 525분	525×4.2 총 2,205분	476,000원		0

중앙에듀북스 Joongang Edubooks Publishing Co.
중앙경제평론사｜중앙생활사 Joongang Economy Publishing Co./Joongang Life Publishing Co.

중앙에듀북스는 폭넓은 지식교양을 함양하고 미래를 선도한다는 신념 아래 설립된 교육·학습서 전문 출판사로서 우리나라와 세계를 이끌고 갈 청소년들에게 꿈과 희망을 주는 책을 발간하고 있습니다.

동화로 배우는 일본어 필수한자 1006자 〈최신 개정판〉

초판   1쇄 발행｜2011년 11월 25일
초판 22쇄 발행｜2022년 6월 15일
개정초판 1쇄 인쇄｜2024년 2월 22일
개정초판 1쇄 발행｜2024년 2월 27일

지은이｜이노우에 노리오(井上憲雄)
옮긴이｜강봉수(BongSoo Kang)
펴낸이｜최점옥(JeomOg Choi)
펴낸곳｜중앙에듀북스(Joongang Edubooks Publishing Co.)

대   표｜김용주
책임편집｜강봉수
본문디자인｜오미영

출력｜케이피알 종이｜한솔PNS 인쇄｜케이피알 제본｜은정제책사

잘못된 책은 구입한 서점에서 교환해드립니다.
가격은 표지 뒷면에 있습니다.

ISBN 978-89-94465-49-4(03730)

원서명｜小学校学習漢字1006字がすべて読める漢字童話

━━━━━━━━━━━━━━━━━━━━━━━━━━━━━━━━━━━━━━━

등록｜2008년 10월 2일 제2-4993호
주소｜⑦04590 서울시 중구 다산로20길 5(신당4동 340-128) 중앙빌딩
전화｜(02)2253-4463(代) 팩스｜(02)2253-7988
홈페이지｜www.japub.co.kr 블로그｜http://blog.naver.com/japub
네이버 스마트스토어｜https://smartstore.naver.com/jaub 이메일｜japub@naver.com
♣ 중앙에듀북스는 중앙경제평론사·중앙생활사와 자매회사입니다.

| 도서주문 | www.**japub**.co.kr | https://smartstore.naver.com/jaub |
| | 전화주문 : 02) 2253 - 4463 | 네이버 스마트스토어 |

Free MP3 다운로드
www.japub.co.kr
blog.naver.com/japub

중앙에듀북스/중앙경제평론사/중앙생활사에서는 여러분의 소중한 원고를 기다리고 있습니다. 원고 투고는 이메일을 이용해주세요. 최선을 다해 독자들에게 사랑받는 양서로 만들어드리겠습니다. **이메일**｜japub@naver.com